やはり、ブラックなんでしょうか？先生の仕事を100選びました。

元国鉄車掌・小学校教諭
村山　茂

ごま書房新社

はじめに

学校の先生は多忙であり、残業手当がつかないのに実質は毎日のように長時間の残業をしているのは、今に始まった話ではありません。私が小学校の教員になったのは１９８６年ですが、すでにそれが当たり前のようになっていました。

採用されて初めて小学校で仕事をした日に、なんとか最終のバスに間に合って帰宅できたぐらいです。さらに当時は土曜日が半ドンで給食もありませんが、児童が帰ってしばらくすると「今日のお昼はどこで食べる？」と職員室からこんな声が聞こえてきます。

先生たちのおよそ3分の１の人数は昼食を食べに行ってそのあと学校に戻り、夕方ぐらいまで仕事です。

教員を志望する人が減ってきているのは、学校は授業以外の仕事があまりにも多すぎて勤務時間が長くなり教員の負担が大きい、いわゆるブラックであるということが行きわたってしまっているのが要因だと思います。

労働時間が長いということをマスコミ等が取り上げて、広く世間に知ってもらうことができてよかったと思っています。

それまでは、学校の先生は授業と丸付けだけしていればいいので、のんびりした仕事だと思っていた人が身近に何人もいましたが、いくら説明をしても理解してもらえませんでした。

学校の先生の仕事はとてもたくさんあり、そのほとんどは内容も濃いです。

新任の頃はあまりにも仕事が多種にわたっているので、何度も目を丸くしました。しかし、最初のうちはどの仕事をするのにも時間がかかっていましたが、少し慣れてくるとわずかながら時間も短縮できて、それぞれの仕事に魅力を感じました。人は誰でもいろいろなことをやってみたくなるものです。これは仕事でも同じことが言えます。

出張もあって、日本中の学校にも行けます。企業等、学校以外の場所にも行けます。場所が変わると気分も変わり、良いアイデアが浮かぶことがあります。他の学校の先生と話すこともでき、視野が広がります。

仕事はとてもバラエティーに富んでいてたくさんありますが、その中で100種類を選んでみました。どれも、やりあいがある仕事です。もちろんそれぞれの仕事について常に検証し、コロナ禍でのことも考えて、統合や整理や改善ができないか働き方改革をしていく必要はあります。

なお、私は兵庫県の阪神地域の公立小学校に２０１５年まで勤務していました。それからも引き続き非常勤講師として、現在も勤務しています。

中学校では内容にちがいがあるのもありますが、趣旨はかわりません。また他府県ではやっていない内容もあり、名称がちがっていることもあります。

２０２１年10月

村山茂

目次

第2章 特別活動

第3章　校内行事

第Ⅱ部 ちょっと専門的な先生の仕事

第6章 会議

第8章　出張

第Ⅰ部
保護者でもよく知っている先生の仕事

第1章
授業

1．国語授業

◆漢字だけでもいっぱいあります

国語科と言えば、漢字学習を真っ先に思い浮かべる人が多いと思います。数万の漢字があると言われ、常用漢字だけでも２１３６字あり、そのうち小学校で習うのは１０２６字です。ですからどの学年も毎日のように漢字学習があり、漢字ドリルは必需品にもなっています。

その次に思い浮かべるのは、教科書の音読ではないでしょうか。物語文を気持ちを込めて読むのは、なかなか容易ではありません。

授業では「主人公は、どんな気持ちになったのでしょうか」等の先生からの問いに対して、挙手をして答えますが、気持ちなどは人によって答えがさまざまですから、結論が出ないままなんとなく終わってしまうことがあります。

トピックス　運動場でも国語

１年生の国語「くじらぐも」で研究授業をしました。この物語は、１年２組の子どもたちが４時間目の運動場での体操の時間に、先生とくじらぐもに乗って空の旅をするというお話です。

前もってセスナ機をチャーターして、機内からビデオカメラで山や町の中を撮影しておきました。

授業は後半の場面で、くじらぐもが「さあ、およぐぞ」と言ったところから始めました。すぐにビデオのスイッチを入れてテレビ画面からですが、下のほうにある景色が映ると、クラスの子どもたちもくじらぐもに乗っている気分になったようです。

「何が見えるかな」と聞くと「私の家が見える」「人が手を振っている」「東京タワーが見える」と言う答えも返ってきました。東京タワーではなくよく似た高圧電線の鉄塔ですが「先生も見えたよ」と返しました。

授業は次の場面に移り、学校に帰ってきました。

みんなで運動場に出て、ジャングルジムに上り「ありがとう」「また来てね」「また乗せてね」等伝えました。研究授業に参加されていた人も、一斉に運動場に行ってもらいました。

2．本の読み聞かせ

◆引き込まれます

学校図書館（図書室）には専門的な立場の学校司書がいらっしゃいます。一般に、図書の先生と呼んでいます。

子どもたちは図書の時間が大好きです。自分の好きな本が読めるのはもちろんですが、図書の時間の最初のほうに、先生が本を読んでくれるからです。物語の本を読んでくれて紙芝居もしてくれます。

図書委員会の人が朝の時間や給食時間に低学年の教室に行って、本の読み聞かせをすることがあります。先生とはちがって、ときどきまちがったりつまったりすることはありますが、図書委員会としての務めや初々しさがみんなに伝わり、本の世界に引き込まれています。

トピックス　友だちが友だちに

図書の先生は図書の時間にそのクラスから1人、読み聞かせをしてもらうことを決めました。つまり、同級生に本を読んであげるのです。それがまた、クラスのみんなから好評なのです。友だちががんばって読んでいることのほか、同じようなトーンであることが受けているようです。

クラス担任も読み聞かせをしてあげると、それはそれで図書の先生とはまた別の感じで読むのでみんなは満足しています。いつもの教室での担任の先生の雰囲気とはちがうのがいいのです。

調べ学習で図書室に行くこともあります。「社会科で昔のくらしを習ったときに、昔のことに関係がある本がいくつかあり、どういうわけかなんだかなつかしく思いました。よく考えてみると、私のおじいちゃん・おばあちゃんからお話をしてもらったことと同じようなことが書いてあったからです」と、以前聞いたことを本につなげたという児童もいます。

クラス担任は図書の時間にどういうことをしたらいいのか、これは先生によっていろいろな意見があると思いますが、私はいつも図書室の中の本を1冊だけ決めて静かに読んでいました。

3．社会科授業

◆生活科からつながっています

小学校で学ぶ社会科は身近な内容が多くあり、そして地域社会の一員としての自覚を養うという目標があります。

低学年の生活科から系統的に進んでいき、3年生の社会科になります。たとえば校区探検で学校周辺を学習して、その範囲を広げて校区外に広がり、市町村単位の学習につながります。

自分が住んでいるところから、電車やバスを使って移動をするのは、今では当たり前のようにできます。しかし昔の人が不便な生活をしていく中で、暮らしやすい生活にしようとして、交通網を確立するために努力をしたことを学ぶのも社会科の勉強の一つで、子どもたちは乗り物の見方も変わります。

トピックス　体の芯まで温まります

3年生で学習する『昔のくらし』では、博物館へ社会見学に行ったり、図鑑で調べたりするのが主な方法です。

昭和29年生まれの私が、定年退職後に学習支援で3年生のクラスに入っていたとき、昭和30年代のくらしを中心とした学習を進めていたので、昔の道具の話をしました。

その中で、子どもたちが特に興味を持ったのは『五右衛門風呂』でした。鉄でできた浴槽に水を入れて、薪に火をつけてお湯を沸かします。お風呂に入るときは、鉄が熱くなっているので、底板と呼ばれる木でできた板を足でうまく沈めて入ります。まだ小学生にもなっていなかった私は、体重が軽すぎて板を沈めることができず1人では入れないので、必ず親と入っていました。

お湯がぬるくなると「薪をくべて」と家族をよばなければならないので、手間がかかります。しかし、鉄でできている五右衛門風呂はなかなか冷えないので、家族をよぶことはほとんどありませんでした。今のお風呂よりも体の芯まで温まって気持ちがよかったです。

それを聞いた子どもたちは「一度、入ってみたい」「1人で底板を沈められるかな」と興味津津の様子でした。

4・算数授業

◆2回数えたから

算数は国語とちがって答えが決まっています。1＋1＝2で、それ以外の答えはどのように考えていっても間違っています。答えが分かってもそこに至るための考え方がいろいろあり、どの考えが確実に正解につながるのかを議論することに意義があります。

子どもの頭は柔軟で、信じられないような解答を出すことがあります。また、間違った解答がとても良いヒントになることが多く、そのようなことは1日に1回はあります。

直方体の箱で「辺」「面」「頂点」の学習をしていたとき、ある児童が「辺が24本あります」と答え、正答は12本だからちょうど倍です。どうしてこうなったかをみんなに考えてもらうと1人の児童が「1つの面には4本の辺で囲まれて、面が6こだから4×6で24だからです。だから全部の辺を2回数えたからです」と上手に答えました。

トピックス　教科書を横に

兄の身長は150㎝、兄は妹より30㎝高いです。妹の身長は何㎝ですか。

この問題には、兄と妹が並んで立っている絵が描いてあります。担任の先生は、ノートに線分図（テープ図）を書くように指示されました。一人だけ縦向きに線分図を書いている児童がいました。　算数の教科書は横書きなのでノートも当然横向きに書いていて、今までに書いている線分図も横書きです。でもこの問題の絵を見ながら考えてみると、縦向けにしたくなります。この児童はそれを自然に表現したのです。

担任の先生は、すかさずこの児童のノートをみんなに見せました。そうするとノートには書かなかったけれど、ほかにもたくさんの児童が同じようなことを考えていた分かりました。

縦向きから横向きにすっと変換ができる児童もいますが、なかなかそうはいかず、止まってしまっている児童も多いです。さきほどの縦向けに書いていた児童のノートと、兄と妹が並んで立っている絵が描いてある教科書を並べて、「教科書を横に倒してみたら」とヒントを出すとその児童はすぐにノートも横に倒しました。すると複数の児童が「分かった」と発言しました。

5．研究授業

◆指導案に泣かされた

質の高い授業を目指すために、教師間で公開して行う授業です。経験豊富な先輩等が若手の先生を指導する目的でされることもあります。校内だけで公開するのが多いですが、市内・県内・そして全国単位で公開されることもあります。ほとんどの学校で、1年に1回は全員が何らかの形でやります。

授業のあとで批評や指導・助言を受けて発問や板書等、改善されて子どもたちにより分かる授業につながっていきます。

授業の前には指導の目的・流れ・子どもの反応・準備物等を書いた、指導案を作成する必要があります。授業の流れをつかんでいても文章に表すのは難しく「指導案に泣かされた」という人も多いです。

トピックス　算数でも楽器を使って

いつもの授業をやればいいのですが、たくさんの先生が見に来ると考えるだけで構えてしまいます。授業後の研究会でどのように批判されるか、頭の中は指導案が行ったり来たりしています。

２０２１年に伊丹市の小学校で2年生の先生が算数科で「三角形と四角形」の研究授業をされ、そのときに楽器のトライアングルを使われました。トライアングルは箱の中に入れて子どもたちは見ることができません。そのまま「チーン」と金属のバチで鳴らされて「これは三角形ですか。四角形ですか。それともどちらでもないですか」と言う発問をされました。それまで子どもたちにも先生がたくさん見に来ているという緊張感がありましたが、その音でいつもの姿にもどりました。

子どもは正直です。「三角形です」と「どちらでもないです」と言ういつもの活発な意見が子どもたちから出ました。あとでトライアングルを見せてもらったとき、「どちらでもないです」と言う意見の人が、角がとがっていないことやすき間があることを得意に説明していました。何よりも安心したのが授業者である担任と同じ学年の先生です。

6．理科授業

◆予想とちがって盛り上がります

理科は自然に親しむと言う目標がありますから、教科書やプリントでの学習以外に観察や実験に重点を置きます。

ですがいきなり観察や実験を行っていたのでは、授業のねらいがぼやけてしまいます。学習課題とめあてをはっきりとさせて、予想を立てさせます。この予想が授業では大切なのです。

観察や実験の結果が予想通りだったのか、または予想とちがったらどうしてこうなったかを検証します。この場合、予想とちがった結果が出たのがこの授業のメインだとも言えます。いろいろな角度から考えさせて、いい結果が出たところとも比べて正しい答えを導き出します。

トピックス　オニごっこで気づいた

3年生の理科『太陽と影』の学習で「長い影を作るのにはどうしたらいいでしょう」と言うめあてが、専科の先生から提示されました。

そこで子どもたちは「身体を思い切り伸ばしたらいい」とか「クラスのみんなが運動場に出て全員で手をつないだらいい」の意見が出ました。専科の先生は「では、運動場に出ましょう。でもそこは広いですよ。運動場のどこの場所でも手をつないだら長いかげができますか」と返されました。子どもの中にはいつも運動場で遊んでいるときに何となく影を見ていたことを思い出して、運動場で手をつなぐ方向を発表しました。

そこからは運動場で実験です。さきほど発表した子どもの予想通り、運動場にクラス全員の長い影ができました。すかさず専科の先生は「すごいね。ではなぜ予想通りになったのですか」の問いに「太陽とは逆だから」と言う意見が出て、それをヒントに太陽と影は関係があると気づく児童が多くなりました。

最後には『影踏みオニごっこ』をしました。どうすればオニに影を踏まれずにすむか、必死で逃げているときに、太陽の反対側に影あると気づき、そこでめあてが達成されました。

7．教室で生き物を飼う

◆動物も植物も

理科や生活科で生き物の学習をします。プールでヤゴとりをして、トンボになるまで教室で育てたことはプール掃除のところで述べますが、それ以外の生き物も教室で育てることがあります。

ヤゴがトンボになるように青虫は蝶になります。葉に着いた卵から青虫になり、そこからさなぎになって蝶になるまで、その完全変態の過程を観察するのに教室で飼うと生きた学習になります。

植物も生き物です。教室では水栽培が適しているので、ヒヤシンスやチューリップをよく育てます。容器もペットボトルを切って簡単に作れるので、１人につき１個の水栽培ができます。

トピックス　教室で育てるのは学習です

水栽培で1人1個育てることになり、少しでも種類が多い方が見るのも楽しく、育て甲斐もあると思い、オーソドックスなクロッカスやスイセンのほかに、何種類かのサボテンも加えました。

ところがサボテンは1週間を過ぎたころから藻が発生して、しだいに根腐れのようになってしまいました。水栽培の基本はきれいな水を維持することですが、サボテンのとげが気になって水の交換が十分にできなかったのが原因だと思われます。サボテンはこちらで育てることにして、かわりにムスカリを育ててもらいました。

失敗ではありましたが、このことで水の中には酸素が含まれていて、そのために新鮮な水が必要であることが実感しました。

さらに別の失敗もありました。教室の廊下側に置きっぱなしにしている球根は、元気がなくなってきました。どうしてこうなったかをみんなに考えてもらい、日光等の明るさが不足していたことが分かりました。

教室で育てる目的は学習です。失敗からかなり学ぶことができました。なお、最終的には全員の球根が立派に育ちました。

8．野菜作り

◆真心がこもっていると

1・2年生の生活科、3～6年生の理科で植物を学習していきますが、実際に植木鉢を使って自分で育てていくのが、いつまでも記憶に残りやすいです。

1年生ではよくアサガオを育てます。種をまいて水やりさえ欠かさなければどんどん育っていき、毎日たくさんのきれいな花が咲きます。花が枯れたら種を取り、それを次の1年生にプレゼントすることもできます。

そして2年生では野菜を育てます。ミニトマトかピーマンのどちらか自分で選んでもらうことが多いです。私は「食べるのが好きではないのがあれば、そちらを育ててみよう」と児童に話します。

トピックス　野菜が好きに

ほとんどの子どもは、食べる物を育てるのが初めてのことです。それもあって、一生懸命育てます。育っていくのを日々、楽しみにしています。自分が育てたものが実ったときは目が輝いています。

収穫した野菜をみんなで学校で食べる方法もありますが、ピーマンはそのままで食べると苦いですので、もともとそれが好きでなかった子どもはさらにきらいになってしまうかも知れません。それに安全面・衛生面に特に配慮しなければならない時代になっているので、家に持って帰って食べてもらうようにします。

保護者から、「自分が大切に育てた野菜は真心がこもっているので、おいしそうに食べています。そしてそれ以来、市販されているきらいだった野菜も好きになりました」等、うれしいお便りが届きました。

また野菜を育てたのをきっかけに、「料理の手伝いを積極的にするようになり、人参を切るのをやらせてみたら今まではきらいだった人参がおいしく食べられるようになりました」の便りも届き、料理全体に前向きな姿勢になった子どももいました。

9・学年園

◆八百屋と変わらない味

学校の中にも畑があります。一部の学校には田んぼもあります。主に理科（生活科）学習で観察をするためです。大きな畑がある学校もありますが、たいていは2m×5mぐらいのブロックで囲ってあって、中に土が入れてある学年園と呼ばれる物が各学年に割り当てられています。

何を育てていくかは各学年に任せられますが、その学年の学習に関連する植物が一般的です。

せまい園に何種類もの植物を育てたいので、北側には背が高くなるひまわり等を植えて日光が均等に当たるように工夫します。子どもたちも交代で水やりをして、成長を観察していきます。

トピックス　農家の気分に

新年度の学年園は、土を耕すことから始まります。狭い範囲ですが土は意外と固いのでめったにくわを持ったことがない先生が多い中、園全体を均等に柔らかくするのは骨が折れます。耕したあとは雑草を取り除いてから肥料を入れて、これも均等になるようにくわやスコップで混ぜます。そのあとにようやく種や球根を土の中に入れます。

一連の作業で農家の人になったような気分になり、同時にその人たちの苦労が少しは分かったような気がします。

子どもたちもですが、先生も自分たちで植えたものが育っていくのが楽しみです。きれいな花が咲くのを見るのもそうですが、野菜は収穫できたら食べることができるので格別なものがあります。

学年園担当の先生は連作にならないように前年とはちがうところに割り当てをします。連作とは前年と同じ場所に同じ物を育てることで、生育不良になることがあります。

ある年にきゅうりを育てたことがあります。前年はウリ科ではなかったので連作にならず、安心しました。収穫期になるとまさにぼこぼこきゅうりができていき、曲がってはいましたが味も売っている物と変わらずとても感動的でした。

10・音楽授業

◆安価でいい響き

3年生から音楽科でリコーダーを学習します。リコーダーにもいろいろな種類があり、その中で比較的かんたんに音が出せるソプラノリコーダーを使用しています。小鳥が鳴くようなきれいな音色を出すことができ、しかもプラスチック製で量産されている物を使うため安価で手に入ります。

3年生の後半ぐらいに「パフ」のリコーダー教材があります。この曲は幼稚園ぐらいから知っている児童も多く、親しみやすさがあります。そして上パートと下パートに分かれて演奏することができ、習ってから半年ぐらいで二重奏のいい響きはとても感動的なものです。

トピックス　校庭でリコーダー演奏

コロナ禍において口で吹く楽器はマスクをしたままではできないので、とても厳しいものがあります。緊急事態宣言が出ている時は学校にはリコーダーを持ってこないで、家だけでの練習になりました。緊急事態宣言が解除になっても、教室で吹くのは半数ずつ交代しながらです。

リコーダーがどれだけ吹けているかのテストをする必要があったので、せまい教室から広い校庭に移動して実施しました。2月だったので北風がビュービュー吹いて、気温も低く震える中でのテストです。そんな中でもある児童は「広くて気持ちがいいね」と、表情が明るいです。

私が「野外で演奏しているのを聴いたことがある？」と問いかけると、数人が聴いたことがありました。そのうち1人が「運動場いっぱいに広がって、みんなでパフを合奏してみたいね」と言い出しました。

さらに話の続きがあり、運動場なら1クラスだけでなく3年生全員でリコーダーを吹いても十分に間隔は空くのでやってみたいという意見も出ました。実現はしなかったですが、コロナ禍の中でもたくましさを見つけました。

11・図画工作授業

◆創造力豊かです

学習指導要領の図画工作では、作り出す喜びを味わうようにするという目標があります。子どもの発想は、大人の考えでは思いもよらないほど豊かです。そして、いろいろなことにチャレンジします。失敗だと思っていても、それは人とはちがう考え方やり方であって、正解はさまざまなのです。

図工はまさに、工夫をしながら改良を何回も重ねて完成に近づけていき、完成時はもちろんのこと、途中でもつくりだす喜びが味わえます。

子どもたちは自分なりの工夫をしていて、まさに十人十色です。新しいものを生み出す力は目を見張るものがあります。

トピックス　一直線に引けた

図工の学習で、水彩絵の具はなくてはならない物です。6色ぐらいしかない絵の具を混ぜることによって、ほとんどの色を作ってしまいます。また水彩と言われていますから、水の量のちがいで、濃くしたり薄くしたりできます。

2年生最後の図工の学習で、3年生から水彩絵の具を本格的に使うので専科の先生の特別授業がありました。「絵の具と水の量を考えて、一つの線を一筆で書こう」と言うめあてが、提示されました。

専科の先生が見本を見せてくれました。水入れの説明をされたあと、パレットの小さい部屋に各色の絵の具を少しずつ入れて、赤い色と水を大きい部屋で混ぜて筆につけ、四つ切りサイズの白い画用紙の長いほうの端から端まで、見事に同じ色でしかも同じ濃さの赤い線が引けました。

見ていた2年生の子どもたちは「すごい。同じことができるかな」と感動している様子でした。次は自分たちもやってみました。最初から途切れることなく、一直線に引けた人もいました。2・3回目からうまく引けた人もいて「量がちょうどよかったみたい」と、作り出す喜び味わえました。

12・体育授業

◆準備運動もしっかりと

授業の始めには準備運動をします。これは硬くなっている体をほぐすために大切なことですが、学習指導要領には心と体を一体としてとらえるとなっていますから、心もほぐす役目もあります。それによってけがを防ぎ、体を温める効果もあります。

そのため、準備運動もこのようなねらいがありますから、先生の指導で行います。ただし準備運動も個別指導が必要な場合がありますので、そのときは便宜上、体育係の児童が前に出てみんなはそれに合わせてやることもあります。

2人1組でやるのもあります。寒いときでも暑いときでも、準備運動しだいで体育の楽しみが増してきます。

トピックス　車椅子でも引っかからずに

冬に行う代表的な運動に『なわとび』があります。1年生から6年生まで、いろいろな跳び方をしています。

大きく分けて短なわと長なわがあり、短なわは休み時間にも1人で手軽にできます。なわとびがんばりカードを作成しているところも多くあり、前跳びや後ろ跳びや二重跳び等、徐々に難しい跳び方が載ってあるので、挑戦する意欲が湧いてきます。

長なわは、1クラスの人数（または1クラスの半分の人数）で行うのにちょうどいいです。回す人と跳ぶ人が心を一つにしていないと、引っかかってしまいます。連続で何回跳べたとか、1分間で何人跳べたとか、挑戦する種類はいくつかあります。

学校によっては、長なわ大会をやっています。一定の時間に何人跳べたかを競います。途中で引っかかってもいいですが、タイムロスになりますからそうならないように連続で跳べるように日ごろから練習しておきます。

クラスには身体の不自由な児童もいます。それでもよく工夫していて、クラス全員で長なわを楽しめるようにしていました。交代で車椅子を押して通り抜けています。そのときは回す人も回転する速度少しを落としていました。

13・新体力テスト

◆8種目です

体力増進策の一つとして、まず国民の体力の情報収集を実施することで、1964年の東京オリンピックが開かれた年から、1998年までスポーツテストという名称で実施されました。

1999年からは新体力テストという名称にかわり、小学校では、50メートル走・握力・反復横跳び・ソフトボール投げ・立ち幅跳び・上体起こし・長座体前屈・20メートルシャトルランの8種目で構成されています。

新体力テストをする日の前日にはテストがスムーズに進むように、運動場に線を描いておき、それぞれの用具もそろえておきます。

トピックス　宇宙人が来た

20メートルシャトルランの音楽は、20メートル間隔で引かれた2本の線の一方に立って、合図の音でもう一方の線に向かって走ります。足で線を越えると次の合図で反対の線の方へ走ります。

合図音は約1分ごとに少しずつ短くなっていきますから、徐々に速く走らないとついていけなくなります。線を越えられなくなると終了し、最後に越えた回数が自分の記録になります。

最初はゆっくりですが、そのときに停まって待つようなことになると、リズムが保てなくなるので、音楽がゆっくりのときはゆっくり走って、自分の走り方を安定するようにします。

音楽はドレミファソラシドの単調な音階ですが、電子音が使われており異次元にいるような感じにもなります。ＰＴＡの用事で学校に来られた保護者から「まるで、宇宙から空飛ぶ円盤がやってきたみたいね」と言う声が聞こえました。

14．水泳指導

◆プールは安全に

水泳は事故が起きると命にかかわりますから、いつも以上にきびしさを求める必要があります。そのために、面倒だと思うようなこともたくさんあります。

プールカード等の名称で体温や参加の有無、そして親のはんこかサインを記入して水泳がある日に持ってくることになっています。記入もれがあると水泳はさせないようにしていました。こちらから電話で確かめるのも手間がかかりますし、口頭では水泳をして体調が悪くなった場合等、やりとりに食い違いが生じる可能性があるからです。

水着を持ってくるのを忘れると水泳は当然できませんが、水泳帽だけ忘れてもさせません。これは水泳帽の色で指導がしやすいことがありますが、子どもたちに真剣な気持ちで水泳に取り組んでほしいというねらいもあります。

トピックス　バディーは元気よく

プールカードをチェックして水泳の参加者が分かっても、学校に来てから体調が悪くなることがあります。それでも子どもは水泳がしたいので元気そうに振る舞うこともありますから、それも見越して顔色等で健康状態を確認します。

プールに行くと、まず水に慣れるのと身体の汚れを落とすためにシャワーを浴びます。地獄のシャワーと言われるぐらい水は冷たいですが、さっと通り過ぎると目的に沿わないので、シャワーを浴びている間は「カエルの合唱」の歌をゆっくりと歌う方法があります。

シャワーを浴びたあとはプールサイドに２列で並びます。そしてきちんと整列ができると前から順に横の２人組（最後は３人になることもある）で「バディー」と元気よく言いながら座っていきます。水から上がったときには、必ず「バディー」で相手が横にいるかを確認して責任を持たせます。そのときは少しほっとします。

自由水泳の時間を持つこともあります。このときももちろん先生は自由ではありません。ふざける子どももいるので、むしろ一番注意が必要なときです。

ほっとできるのは水泳が終わって教室に戻ってからでもなく、子どもたちが家に帰ってしばらく経ってからぐらいです。このときはとなりの組の先生と大声で「バディー」。

15・プール清掃

◆水泳の前に

子どもたちが楽しみにしている水泳（水遊び）が始まる前の6月上旬ぐらいになると、各小学校は高学年や職員でプールの清掃をします。およそ1年間水が入った状態で放っておいたプールは水草やコケが生え、小さな生き物も見られます。

学校のプールは、使用していない時期でも水を抜くことはできません。付近で火事が起きたとき、防火用水として使われるからです。ですからプール清掃の時に水を抜く前には、管轄の消防署に届を出します。

1年間の汚れを落とすのですから、これほど清掃前と清掃後のちがいがはっきりしているのは他の場所はありません。ですから、高学年もそして職員も生き生きとしている姿が見られます。

トピックス　生活科の学習も便乗しちゃえ

プール清掃をする前には低学年の児童を対象に、とんぼの幼虫「ヤゴ」捕りをする小学校が多いです。それ以外にも水カマキリやアメンボ等の小さな生き物がいますが、ヤゴは比較的捕りやすく、成虫になるまで観察ができます。

普段はヤゴ捕りのような体験をしていない子どもたちが多いので、プールに行く前からざわざわして、好奇心に満ちあふれている子どももいれば、緊張して泣き出す子どももいます。

始まってしまえばみんな必死でヤゴを探しています。不安そうにしていた子どもも、ヤゴが見つかるとそのような気持ちも吹っ飛んでしまいます。今まであまり存在感がなかった子どももヤゴ捕りで威力を発揮しています。

保護者からは実施する前には衛生面に不安との声もありましたが、ヤゴを持ち帰り、いく日かしてトンボになったときは「生物のいい学習になりました。貴重な経験をさせてもらってこの子も自信がついたみたいです。ありがとうございました」とうれしそうな感想が来ることもあります。

16・情報教育

◆パソコンの進化

私が勤務していた小学校にパソコンが初めて入ったのは1990年頃で、職員室にデスクトップ型が2台配置されました。いくつかの機能はありましたが使えるのは文書作成がやっとで、しかも数人の先生だけでした。

それから3年ぐらい経って勤務校と同じ市内に1校だけ、職員室とは別にデスクトップ型のパソコンが6台配置されました。空き教室に置いてあり、授業として児童が操作します。モデル校の役割で、コンピューターの知識が豊富な先生が常勤されていました。

その1年後にその学校から、パソコンを6台とも借りることができました。私が学級担任をしていた4年生が、ローマ字で打つとひらがなに変換する学習です。当時は画期的なことで、近畿各地から小学校から大学の先生まで見学に来られました。

トピックス　タブレット端末を上手に使おう

それからパソコンはどんどん発展していき、２０１０年頃にはほとんどの小学校にパソコンルームがありました。40台あまりのパソコンを備えているので１クラスの人数分あります。１人１台ですから無駄な時間がなくてすみ、インターネットで調べる学習もできるようになりました。

パソコンはさらに進化していき、２０２０年にはタブレット端末が児童１人に１台が整備され、いつでもそれを使った学習ができるようになりました。調べ学習のときでもほとんどの場合、図書室へ行ってそれに適した本を借りてくる必要もなくなりました。また先生等が作成した掲示物も、タブレット端末からは細かいところまでよく見ることができます。

これからは私の予想ですが、テストも種類によってはタブレット端末で行い、採点も点数の記録も自動でできるようになります。またタブレット端末は家にも持ち帰り、宿題も基本の練習問題は統一しておいて問題が解けたら家で答え合わせをします。その結果その問題が難しいようなら、解説のページに行き、それでも難しいようなら少し簡単な問題に行けるようにしておきます。

17.個別指導

◆多くの児童が理解できたとき

各教科の授業の流れとして、黒板等を使ってクラスのみんなに学習の説明をしたあと、みんながきちんと理解できたかを把握することや、定着ができるように練習問題をすることが多いです。

そのときに机間巡視をします。まずざっと見ていき、クラス全体でどれだけ内容がのみこめていたか確認をします。多くの児童が練習問題を間違えていたり、書けていなかったりしたときはストップをして、もう一度ちがう角度から説明をします。

そして練習問題を再開し、多くの児童は分かってすらすら書き出したとき、それでも勘違いをしている児童や、理解をするのに時間がかかりそうな児童には個別指導をします。

トピックス　1対2の個別指導も

　個別指導は文字通り1対1で指導をするのですが、クラスには学習支援の先生が入るとき以外は担任だけですので、児童1人をじっくりと指導することはなかなかできないことがあります。

　練習問題の同じようなところで理解に苦しんでいる児童がもう一人いる場合、児童の性格にもよりますが1対2で指導します。このときは座席の移動をすることもあります。なおこれは先生の人手が足りないからと言うよりも、その方がお互いに共通の課題があるということを意識して、自分1人だけがつまずいているわけではないという、安心感を持たせる意味があります。

　それと、2人が同じスタート台に立つことにより競争が生じて、努力をしようとする意識が高まります。

　1対1の個別指導が当たり前のようになっていた児童を1対2にしたことがあり、それまでのんびりとしていたのが、きりっと引き締まった感じになり、それがきっかけで個別指導の必要がほぼなくなった児童もいます。

18・自動車の誘導係

◆生活科の学習で

学校の運動場は体育の授業や子どもの遊び場として使うところですが、たまに自動車が入ってきます。

低学年の生活科で乗り物のことを学習します。その中でバスのことを詳しく知るために、普通でしたらバス会社の車庫へ見学に出かけますが、学校にバスが来てくれてじっくりと見せてくれる事業所があります。

バスは運動場に入りますが、道路からの通路がせまいために担当の先生が笛を使って誘導し、バックでゆっくりと進んでいきます。運転手さんにバスの外と中を見せてもらいながら説明をしてもらい、最後に乗せてもらって運動場を1周します。このときも担当の先生が安全を確かめています。

トピックス　まるで店員さん

公開研究会があるときは、いろいろな学校から先生が来ます。そのときは運動場が駐車場になることがあります。広い場所ですが自由に駐車してもらうと、たくさんの自動車が入れなかったり途中で出られなかったりして混乱します。一般の駐車場のように停めるところを1台ずつ白線で書いた枠で囲み、通路も示しておけば分かりやすいですが、その作業はたいへんです。

通路の線ぐらいは書いておきますが、やはり誘導する係が必要です。研究会開始時刻まで時間があると入ってくる自動車はまばらですから、駐車する場所まで行ってていねいに誘導します。開始時刻がせまってくると、どんどん自動車が入ってきますから身振り手振りだけになりますが、その頃になると誘導も慣れてきていますのでどの自動車もスムーズに停めてくれます。

入学式や卒業式では、保護者の自動車での来校はお断りしています。近隣のお店の自由に出入りできる駐車場に迷惑がかからないように、朝から職員が看板を持ってお店の駐車場前で「入学式（卒業式）に出席のための駐車はしないでください」と呼び掛けているところもあります。店員さんみたいです。

19・ラジオ番組に児童が出演

◆言葉科の授業で

伊丹市では読む・書く・話す・聞くの、ことば文化都市を目指しています。そして言葉の力を子どもたちに身に付けさせたいとスタートしたのが、言葉科の授業です。授業の中で児童が作った作品を地元のエフエムラジオで紹介しています。

また阪神間の別の放送局では、小学生の作文の番組で、児童が自分の書いた作文を紹介しています。

どちらも毎週決まった時間帯に、市内各小学校から持ち回りで放送します。アナウンサーが作文用紙に書いたものを読み上げる方法や、あらかじめ児童が自ら朗読しておいたものを流す方法や、児童がスタジオに来て生放送で伝える方法があります。

トピックス　親の方が緊張します

児童が放送局に来る場合は、安全対策と朗読のしかたを指導するため、その学校の先生と保護者も一緒に行きます。

私も指導したことがあり、5年生の女子児童が「初めての調理実習」という題の作文を朗読しました。

目玉焼きを作るときに、かんたんな調理だと思っていたのが卵の割り方から難しく、殻が入ったり黄身が割れたりで意外と難しかったという経験談です。はじめは意気込んで作っていたところを弾むように、そして卵を割る時に失敗したところは沈むようにして、とても抑揚に富んでいる朗読のしかたでした。

放送局のディレクターも「とても落ち着いていて、アナウンサーがかわりにやっていると思った」と感心していました。

そわそわしていたのは児童の母親です。放送局のスタジオはすぐ前に広場があり、ガラス越しに中がよく見えるようになっています。スタジオからも外がよく見えて、母親は中の様子をちらりと眺めたり、時計を見たりして落ち着きません。朗読が終わったらほっとした表情でした。

インタビューコーナー❶

先生の家族から

父はよく家で教材を作っていました。私が幼稚園の年長の時に父が1年生のクラス担任の時も、教材を作っていました。来年は私も1年生なので、どんな学習をするのかとても興味がありました。父はいきなり私に「みかんとりんごとどっちがいい」と聞いてきたので、手で皮をむくことができる「みかん」と答えると、父も「お父さんも同じや。おいしいもんな」と楽しそうに言いました。そして画用紙にクレヨンで同じ形・同じ大きさ・同じ色のみかんの絵を10枚描きました。次に周りを切り取り、裏に磁石を貼り付けるとまたたく間に完成しました。算数で数の指導をするため、見た数と数字を結びつけるためです。このみかんの絵は、次に習う足し算や引き算にも使われて、子どもたちにも人気があったそうです。（30代男性）

夫はほとんどの日の昼食が学校給食なので、とても助かります。遠足や社会見学でお弁当を作るときもありますが、そのときは1年に数回のことなので、張り切った気持ちになります。買い物も、栄養やいろどりを考えながら時間をかけて材料を選び、当日は早起きをして作ります。その日は夫の帰りが待ち遠しく、家に帰って「おいしかった。子どもたちもわざわざ見に来て、うわあ、豪華弁だ。すごくおいしそうと言ってくれたよ」と言ってくれると嬉しい気持ちになります。（30代女性）

第Ⅰ部
保護者でもよく知っている先生の仕事

第2章

特別活動

20. 朝の会

◆心の準備をします

子どもたちは毎日学校に来ていますが、ただ黙々と1日を過ごそうとしているわけではありません。得意な科目がある日は期待の気持ちもありますが、不得意な科目がある日は気持ちも沈みがちで、その対策を考えている子どももいます。

朝の会は、児童が家から登校して学校に着いたときから、授業が始まるまでの間をつないで、心の準備をする大切な役割があります。

プログラムの一例として、進行は日直の児童2人で、主な内容は、1日の授業の予定と持ち物を確認。保健係が欠席調べをして、出席していても体調が良好か聞いて記録簿に書く。他の係から伝達することがあれば言ってもらう。今日の日にふさわしい、1日目標を決める。昨日の放課後からのニュースがあれば言ってもらう。最後に先生のお話です。

トピックス　クラス担任がいなくても

朝の会の時間、先生は職員朝礼を行っていることが多く、しばらくは子ども任せになります。たまに職員朝礼がないときに教室に行くと、日直さんを筆頭にクラスのみんなで協力して朝の会をスムーズに進めている光景に感動したことがありました。クラス担任がいない方がきちんとできるのだと思ったくらいです。

先生のお話のときに何を話したらいいか、新任の先生からよく聞かれたことがあります。朝の会は10分ぐらいしか時間がありません。先生のお話になったときには、わずかな時間になっていることもありますが、そのことについて悩んでいると、時間がもったいないです。

子どもたちに興味があるのは、前日の放課後から朝までにクラス担任の先生がどのようなことをしていたかです。もちろんプライベートなことではなく、テストの○つけをしていたとすれば結果がどうなっていたかと言うことです。

その時間帯に徹してお話をされる先生がいました。毎日のことですから、子どもたちには直接関係がない話になることがありますが、それでも回り回って必ず自分のところに行くという構えで聞いていています。

21. 終わりの会

◆波があっても

児童は、平日のほとんどの時間を学校で過ごします。その間たくさんの学習や友だちとの会話や給食の配膳をして食べ、掃除もします。毎日のことですから慣れてしまうと何とも思わないかも知れませんが、学習をするだけでもかなりの時間ですので、その間集中するだけでも疲労します。

そしてクラスにはたくさんの人がいますので、友だちとの間にすれ違うことも多くあり、たまには言い合いや手が出ることもあります。

終わりの会は、1日のできごとを振り返り、何らかの波があったとしても静めることができて、明日につなぐ大切な役割があります。

トピックス　終わりの会で言えて、ほっと

プログラムの一例として、終わりの会の進行は朝の会と同じ日直の児童2人で、主な内容は1日目標を決めていたらその振り返り。係からのお知らせ。今日のニュースがあれば言ってもらう。明日の連絡。最後に先生のお話です。

終わりの会は、内容によって友だちの欠点や誤りを指摘するような場になる恐れもあります。ですからそういう暗い雰囲気にならないように、友だちの「いいとこ見つけ」をプログラムに入れることもあります。学習で良い意見を言っていた人や友達に親切にしていた人を発表します。

ですがそれだけだときれいごとに終わってしまい、納得がいかないことが未解決のままで帰り、モヤモヤした気持ちで明日を迎えることも考えられます。やはり、謝ってほしいことはそのことが言えて、相手も気持ちよく応じることができる内容も必要です。

先輩の先生が「全体の反省」を終わりの会のプログラムに入れていました。これは他人に反省してもらいたいことを言うのではなく、自らその日のことでお詫びをするというものです。給食当番で、数を間違えて配膳し他の人に助けてもらった児童が、そのときはあわてていてお詫びとお礼が言えなくて、終わりの会で言う事ができてほっとしていました。

22・クラブ活動

◆スポーツ系・文化系

小学校のクラブ活動は特別活動の一領域なので、時間割に組み込まれています。委員会活動と同じ曜日の同じ時間帯にしているところが多いので、活動が毎週行われることはありません。

主にスポーツ系と文化系に分けられ、学校の規模や指導ができる人が確保できるか等でクラブ活動の種類が決まります。児童は自分の趣味や関心を持つクラブを希望しますが、人数の偏りがないようにするためある程度の定員を設け、いくつかの希望を出して6年生を優先にしているところがあります。

学級・学年の枠を越えて集まっていますが、共通の興味・関心を示しながらお互いに高め合っている姿も見られます。

トピックス　先生も意外な趣味が

子どもたちと同じように、先生にも担当したいクラブの希望を聞きます。今までの経験や活発な活動に向いているか等でスムーズに決まることが多いですが、どうしても折り合いがつかないことがあります。

身体の都合で活発な活動のクラブを希望されていない先生は無理にそのようなところに入ってもらうことはできませんが、逆にスポーツならなんでも任せられるような先生が文科系のクラブに入ることもあります。

筋肉隆々の若い男の先生が料理クラブを担当していてケーキを作ってるのを見たとき、小麦粉と卵を入れたボールの混ぜ方が、ただ力任せではなく料理番組を見ているような慣れた手つきでした。

私は一輪車クラブを担当したことがあります。その話が決まったときから最初のクラブ活動までまだ1か月ぐらいあったので、学校の鉄棒を使って必死に練習をしたことがあります。担当の先生が模範の乗り方を示す必要はありませんが、鉄棒を持った手が少し離れて自力で走り出したときは、児童がびっくりした表情になったことが脳裏に焼き付いています。

23・委員会活動

◆活躍します

クラブ活動のほかに委員会活動があります。これは主に5・6年生が学校内の仕事を分担して、創意工夫をしながら行っていく奉仕的な活動です。ですから毎日活動しており、一個人は当番を決めて週に1回ぐらいの割合で仕事をすることが多いです。月に1回ぐらいは委員会ごとに集まって、仕事の内容・当番の編成・反省点等を話し合います。

種類は、集会等の計画をする代表委員会。業間休みや給食時の放送をする放送委員会。図書の貸し出しや読み聞かせをする図書委員会。石鹸の補充等をする保健委員会。清掃用具の整備等をする美化委員会。体育用具の貸し出しや整備をする体育委員会。給食の残量を減らす取り組み等をする給食委員会などがあります。

トピックス　運動会を盛り上げます

学校を運営するのに必要な業務を分担する校務分掌に沿って、先生も担当の委員会活動がほぼ決まります。体育担当でしたら体育委員会、清掃担当でしたら美化委員会となります。私は放送機器に興味があったのと、地元の放送局で市民スタッフとして放送活動に従事しているので、いちばんたくさん担当したのは視聴覚担当でした。そのため放送委員会を指導することが多かったです。

放送委員会はどの学校でも子どもたちに人気があります。放送室でマイクに向かって話すと全校に自分の声が流れ、それによって全校生が動きます。もうすぐ休み時間が終わる放送をすれば、みんなが一斉に教室に戻ります。それだけ責任がある仕事が目に見えるので、希望が多いのです。

運動会は体育委員会が活躍をする場面が多いですが、放送委員会も同じぐらいあります。演技中の音楽等重要なところは先生がやりますが、それぞれの演技が始まる前にその紹介、得点種目の勝敗結果、そしてリレーや団体競技の実況放送もします。状況を見ながら会場の人にわかりやすく伝えることで、運動会が盛り上がります。

24・お誕生日会

◆牛乳で乾杯

子どもは1年間で著しく成長します。小学1年生と6年生を見比べて見ると、まるで大人と子どものようです。

成長の節目としてお誕生日会があります。各家庭においてもその日は成長を祝うために、ケーキを食べて少し値段の張るプレゼントを渡すところもあるようですし、子どもたちはそれを楽しみにしています。

学校でも低学年を中心に月に1度ぐらい、同じ月に生まれた人をまとめてお誕生日会をやるところが多いです。折り紙や色画用紙での手作りプレゼントを渡し、お誕生日の歌を歌います。ケーキは出せないので、そのかわりに給食時間に出る牛乳で乾杯をします。

トピックス　親にありがとう

お誕生日の人にみんなから「おめでとう！」と声をかけると、当然「ありがとう」と言います。でもそれで終わってはいけないのです。お祝いをしてもらってプレゼントをもらったので、そのお礼としての「ありがとう」だけではいけません。もう一つ大切な「ありがとう」があります。

子育ては大変です。赤ちゃんは生まれてすぐは一人では何もできません。数時間ごとにミルクを飲ませてもらいます。夜中でも。おむつもかえてもらいます。それも夜中でもです。小学生になると一人で食べることができ、トイレも一人でできます。しかし、お金を稼ぐことはできませんし、食事を作ることもお手伝いぐらいしかできません。また、勉強や友達関係で親に相談することもあります。

ですから、お誕生日は親に「1年間育ててもらってありがとうございます」と、感謝の気持ちを伝える日です。

それがメインなのです。さらに親だけではなく家族のみんな、学校の先生や友だちをはじめ全ての人が対象になります。そのことを誕生日の子どもに伝えるとすっきりとした表情になり、クラスのみんなも同じようにいい顔をします。

25・宿題

◆継続は力なり

宿題についてはどういう意義があるのか、以前からいろいろな意見があります。学校で習ったことを忘れないように家でも反復練習をして定着するためか、時間配分を含め自ら学ぼうとする自発的な力をつけるためか、毎日コツコツとやることで大成するような継続する力をつけるのか、その他さまざまな考えがあります。

小学校で毎日出る宿題の実態は学年によってもさまざまですが、音読・日記・漢字ドリル・計算ドリル・プリント数枚等で、曜日やその日の時間割や学習内容によって種類や量にちがいがあります。

夏休みと冬休みにはその時期や期間に合った宿題が出されますが、春休みは学年がかわるため出されないところが多いです。

トピックス　すぐに答え合わせ

宿題についてはいろいろな意義がありますが、出すからにははっきりとしたねらいがなくては意味がなくなります。夏休みの宿題の場合、昨年の資料やプリントの原本が残っていることがありますが、それをそのまま使うと無理が生じることがあります。昨年の担任の先生は、多くの児童が理解していなかったところや、授業で特別に強く押さえたことを基に作成している場合があるからです。

それから夏休みや冬休みのように、長い休みが終わってから学校でたくさんの枚数のプリントの答え合わせをみんなでやったり、先生が一生懸命時間をかけて○つけをやったりしても意味がありません。間違った答えは、あとで出てくる同じような問題も同じような間違いをしています。

プリント学習で、１枚終わったらすぐに答え合わせをして、間違いがあったらすぐに直すとそのときにどうして間違ったのか理解ができます。そして次回、同じような問題が出てきても次は正しく答えられます。

ですから解答書も必ず渡しておきます。不正な行動を防ぐために解答書は渡さないという意見もありますが、間違いが分かるときが最高の学習であることを言い聞かせます。

26・連絡帳記入

◆毎朝チェック

連絡帳は家庭と学校を結ぶ重要なノートです。ですから毎朝、全員の連絡帳にきちんと目を通す必要があります。そして保護者から記入されていることがあれば、すぐに読んでよけておきます。

児童の体調が良くないような内容でしたら、まずその児童に連絡帳で確認した旨を話して安心させます。そして授業中・休み時間・給食時間等、様子をよく見ておき何かあればすぐに対処します。

全員のチェックができる方法として、児童が学校に来たら自分の机の上に連絡帳を置いておくようにします。先生は歩いてチェックをしていく必要はありますが、誰が出していないかが分かります。

トピックス　返事を書く技

明日の持ち物等連絡事項は黒板に書いておき、それを児童が自分の連絡帳に書き写します。1年生の最初のうちはまだひらがなも学習していないので、前もって1週間の予定が書いてあるプリントを配布してそれに持ち物等を書くこともあります。

保護者から連絡帳に記載があった場合の返事をいつ書くか、時間の確保が難しいことがあります。体育の見学や忘れ物が届いていないか等の連絡はすぐに返事が書けますが、悩んでいることの相談等は考えることもあってすぐには書けません。

高学年の場合は曜日によって専科の先生の授業がありそのときに書けますが、低学年はほとんど学級担任が授業をします。休み時間は子どもたちと一緒に遊び、掃除時間も一緒にします。

そして、給食時間も当番の子どもと一緒に配膳をしますが、食べるスピードはやはり先生の方が早いので、全員で「ごちそうさまでした」を言うまでの10分間ぐらいですが時間ができます。その間に連絡帳の返事を書きます。

これは先輩の先生から教わったことで、よく考えたことだと感心しました。技とも言えます。

27. カウンセリング

◆1人対大勢

学校にはたくさんの児童がいます。40人いるクラスもあります。クラスのメンバーを自分で選ぶことはできません。当然のことながら、気が合う子もいれば気が合わない子もいます。

考え方も一人一人ちがいます。意見のちがいから言い合いになることもあります。最初は1人対1人の言い合いから、まわりの人がどちらかにつくことがあり、それらの人が全員同じ人につくと、1人対大勢になります。

どちらにもつかず、ただ見ているだけのような人も大勢います。数の力はすごいものです。ここでなんとか手を打たないと、さらにエスカレートしかねません。

トピックス　98点になってしまった

クラスに数十人の子どもがいると、どうしても派閥のような集団ができて、精神的な負担がかかってきます。

クラス担任として、集団生活が苦手なような子どもは前もって把握しておき、不登校気味になったとき、又は不登校を感じるようになったときにその子どもと面談をします。

そのときにこちらからは一方的なアドバイスや集団の悪口等は言いません。その子は言いたいことが必ずありますから、いつまでも待って聞くようにします。

学習面でも子どもによってさまざまですが、けっこう悩んでいます。ですが、悩んでいる子どもは意気込みがある証拠なので次につながります。それよりも、授業で習ったところができていなくて、本来は悩むべきところを悩んでいない子どもを見つけて、こちらが先回りするようにします。

放課後に、いつもテストで100点を取っているのに、1問まちがえて98点になったことで悩んでいる子どもが相談に来ました。こういうときでも、こちらは真剣に相談に乗らないといけないのです。本人の基準から言うと、このテストも100点が取れる問題だったのですから。

インタビューコーナー❷

20代女性新任教諭

私はずばり、子どもと音楽が好きなので、自分が中学生のときから小学校の先生になることを決めていました。ですから、高校のときはわき目もふらずに教育大学を目指して、突き進んでいきました。そしてストレートで教育大学に合格することができ、教員採用試験に向かって一直線でした。

そして教員採用試験も1回で合格することができ、あこがれの小学校の先生になることができました。2年生の担任になり、張り切って準備を進めていきましたが、授業以外の仕事の多さに戸惑いました。でもそれがかえって意欲が湧き、一つ一つの仕事をやり遂げると心が満たされる気持ちになりました。

始業式の日に子どもたちと出会うと、これから1年間こんなに可愛い子どもたちと過ごすことができることに、こみ上げてくるものがありました。

しかし、子どもたちもクラス替えがあったり、新しい先生になったりして、最初のうちは落ち着かない様子がありました。教育実習のときはすでにクラスができていましたが、自分が0からスタートして作っていかなければならないので、悩むこともありました。

それでもクラス担任をしていると子どもたちとじっくり関わることができたので、1か月もしないうちに、クラスは落ち着いてきた感じになりました。子どもたちは私に似てきたようにも思いました。これからは、子どもたち一人一人の自分らしさを発揮できるように指導をしていきたいです。

第 I 部
保護者でもよく知っている先生の仕事

第 3 章

校内行事

28・運動会

◆最大の行事

学校行事の中でも運動会は、演技時間も練習時間も多く、たくさんの人が見に来てくれますので最大の行事と言えます。

各学年大きく分けて、走・団体競技・表現の3つの演技をします。細かい内容は発達段階に応じてそれぞれの学年に任されていますが、団体競技の玉入れや大玉ころがし、そしてバトンを使ったリレーは見ごたえがありますので、毎年のようにプログラムに載っています。

表現は見る人にとっていちばんの楽しみで、たくさんのビデオカメラが回っています。練習時間もたくさん取っていますので、子どもたちも成果が発揮できるように張り切って演技をしています。

トピックス　指揮台では堂々と

運動会は高学年の児童がなにかの係につき、指導をするために先生も入ります。準備・演技・児童・応援・救護・放送等の係があります。運動会前日にはグランド整備や入退場門等の会場の準備もします。

運動会当日、先生は子どもの指導だけでなく、係によっては自らも走り回ります。特に準備係になりますと、子どもは用具の出し入れぐらいはできますが、表現で目印になる線は長さや角度が正確でなければうまく演技ができませんので先生が引きます。線の数が多ければ、それだけたくさん動きます。

放送係は、かける曲をまちがえると示しがつきませんので、曲名や音量を何度もチェックします。運動場を走り回ることはまずないですが、神経を集中してタイミング等を見計らっていますのでかなり疲れます。

係の仕事も緊張しますが、運動会の中でいちばん緊張するのは指揮です。それぞれの演技には責任者を決めていて、練習のときからその責任者の先生が先頭に立って指導をしていきます。

運動会はその成果が問われますが、指揮台に上がったら堂々としていると、子どもたちにも伝わるものです。

29・図工展

◆体育館が海に

学習指導要領により授業時数が決まっていて、図工と音楽は体育の約半分の時間です。そのため運動会は毎年で、図工展と音楽会は2年おきに交互に行われるところが多いです。

会場はほとんどが体育館で、時期は11月から翌年の1月ぐらいで3～4日間です。

各学年の作品は主に平面と立体で、1～2カ月前から作品作りが始まります。「遊び」「かがやき」「海」「森」等の、テーマを決めているところもあります。

会場での展示方法は、平面作品は横に張ったワイヤーに画用紙をつなげて吊るしていきます。立体作品は段ボールや色画用紙で作った海に、児童が作った魚や貝を展示する等、作品の内容によってそれぞれの学年が工夫しています。

トピックス　靴が顔に変身！

立体作品は展示の工夫も見ごたえがありますが、意表を突くような作品には見とれてしまうことがあります。

その一つです。片方の靴を使って人の顔を作ります。靴のかかとの部分を下にして見たときに、足を入れる穴のようなところが口になります。紙粘土で靴を覆いながら、鼻・耳・唇・歯・舌もそれでつけていきます。

紙粘土をつけ終わって十分に乾いたら、絵の具で目・唇・舌等の色を塗り、髪の毛やまゆ毛は毛糸を接着剤でつけます。

靴の大きさや形がみんなちがいますので、出来上がった顔の作品はどれも個性的でそれがずらりと並んでいると圧倒される感じにもなります。

いらない靴はすぐには用意できませんので、この作品を制作するために半年以上前の新学期最初の学年通信に、靴を持ってきてもらうことを書いておきます。自分の物がなければ家族や知人の物でもかまいません。

図工展が終わってから、靴で顔を作った児童の妹が、紙粘土を買ってきて作ったことを聞きました。もう片方の靴がうまく使われました。

30・音楽会

◆体育館は広いです

図工展がない年には、音楽会が秋に行われるところが多いです。各学年、合唱と合奏をするのが一般的です。それ以外に、オープニングは3年生か4年生でエンディングは6年生が歌います。

また、学校によっては前半の最後ぐらいに吹奏楽の演奏があります。

1・2年生は初めての音楽会です。体育館のような広いところで、しかもステージに立ちますので体育館の入り口の方へ声を飛ばすような出し方をします。そして当日はたくさんの人が聴きにきますから、普段から視線にも気をつけます。

高学年（中学年）の合唱のピアノ伴奏は、児童がやることもあります。中にはかなりの腕前なので、歌の向上につなげています。

トピックス　先生バンドがある？

音楽会当日は、保護者はもちろんですが来賓や地域の人も聴きに来られますから、体育館は満員の状態です。それで児童が入る余地がありませんから、前日か前々日に児童向けの音楽会（聴き合い会）をします。

児童全員が体育館に入ります。ステージと平行になるような列で、1年生は前で6年生は後ろです。出番になるとその列のままステージへ移動し合唱や演奏をして、終わると元の場所に戻ります。

児童向けの音楽会では前半が終わった頃に、先生の演奏があります。特に用事がある先生以外は全員の先生が出ます。校長先生が指揮で、ピアノ・オルガン・木琴・鉄琴・アコーディオン・鍵盤ハーモニカ・ソプラノリコーダー・アルトリコーダー・大太鼓・小太鼓・シンバル・フルート・クラリネット等、自分が得意の楽器（得意の楽器がない場合も）で演奏します。

みんなで練習をする時間はあまりありませんが、分からないところは教え合いをしています。なんとか本番では形になって、演奏が終わったら児童から盛大な拍手をもらうと先生も全員うれしそうです。

31・音楽鑑賞会

◆プロの演奏家

毎年か数年おきにプロの演奏家をお招きして、音楽鑑賞会を開く小学校が多いです。子どもたちに生演奏を聴かすことにより鑑賞する学習を主体的に取り組み、重奏の響きを感じて、旋律・曲想に関心を持つことが主なめあてです。

体育館で行うところが多く、舞台芸術を近くで見ることができます。また子どもたちと一緒に歌ったり、身体表現を使ったりしてコミュニケーションを取りながら進めることもできます。

質の高い演奏の中にも茶目っ気のある人が登場し、パフォーマンスもありますが本来の音楽はくずれず、感動的に終わります。

トピックス　先生でもできます

コロナ禍の中でも感染対策をしてプロの演奏家をよぶ学校もありますが、それも制限がある中ではきびしいところがあります。

小学校では教員採用試験にピアノ演奏がありますので、先生たち全員で鍵盤ハーモニカ等を使って演奏ができるはずです。学生時代にブラスバンド部等に入っていて、そのほかの楽器の経験がある先生もわりと多いです。

コロナ禍の中、3年生の先生が音楽の授業のとき、大学生の頃にブラスバンド部に入ってフルートを演奏していたとクラスのみんなに紹介していました。

私はすかさず「プロが演奏する音楽鑑賞会がなくなったので、二人でデュオの演奏をしてみましょう。私もフルートの経験が少しあります」と提案しました。ちょうど数日後に、学年行事（ドッジボール大会）が予定されていたので、その前の10分程度時間をもらって2人でフルート二重奏の演奏をしました。

曲はその学年で習う「エーデルワイス」等5曲でした。換気を良くする必要があり体育館の扉や窓を全開にしていたため、演奏の途中で楽譜が風に飛ばされて曲が止まることもありましたが、終わった後の子どもたちの拍手はプロ以上なものを感じました。よかった！

32・小学校の夏祭り

◆やはり夜店が人気

夏休みは各小学校で夏祭りが開かれるところが多いです。ほとんどの小学校は7月下旬の土曜日の午後から夜にかけて行います。

ステージプログラムはダンス・吹奏楽演奏・盆踊り等で、一部のお化け屋敷コーナー等を除いてほとんどは運動場で行います。ステージ以外で児童も大人の人もいちばんの楽しみにしているのは、夜店です。

20店ぐらいの夜店が運動場に並びますが、ほとんどPTA関係と地域の人たちが出店してくれます。ですから材料費や光熱費等の実費の値段なので、安価になっています。スーパーボールすくいや的当て等のゲームもあり、小学生だけでなく小さいお子さんも十分に楽しめます。

トピックス　先生も「いらっしゃいませ」

夜店には焼きそば屋さんとして、先生も出店します。前日までに用意する物をみんなで確認します。材料以外にも焼きそばを焼くのに必要なコンロと燃料、それに机やいす等の備品もいります。

当日は朝から材料を買いにいく人と家庭科室で仕込みをする人、それに運動場で会場準備をする人で大忙しです。

いよいよ夏祭りが始まりました。この日のために、みんなが手作りをしたエプロンをつけています。夏祭りと焼きそばの絵が描かれていて、買いたくなるような気持ちを引き起こしそうです。

本番になるとたくさんのお客さんが来てくれて、とてもおいしそうに食べてくれました。「いらっしゃいませ」の声かけと焼きそばの味がよかったのと150円という安さからと、みんな自信たっぷりでした。

お店の数と夏祭りに参加してくれた人の数を考えれば、圧倒的に参加者が多いですからどの店もお客さんでいっぱいになります。全部売り切れになって、みんな達成感があふれていました。

33・親子活動

◆企画します

授業参観では保護者はほとんど見学ですが、親子活動は一緒に過ごせますから親も子もいい表情をしています。

親子活動は原則として委員さんに企画していただきます。年に2回のうち1回はわずかですがそのための予算がありますので、主に高学年はおやつ作り等の調理を、低学年は凧作り等の工作を親子でするのが一般的です。

もう1回は身体を動かす内容で、親子で手をつないで一緒に走る障害物リレーが今まで一番多くありました。

軽スポーツ等ほとんどの備品は学校にある物を使いますので、委員さんにできるだけ負担のないようにしていました。

トピックス　親子でなくても

親子活動は授業の中の1時間を使う大きな行事なので、委員さんも入念に準備されています。親子活動の数日前には打ち合わせを行います。軽スポーツを行うことになったとき「初めの言葉」「終わりの言葉」「準備体操」「備品の配置と片付け」「親が来られない児童とペアになる人の手配」「スタートの合図」「勝敗の判定」等の仕事内容と役割分担を決めます。

親子活動当日は責任感もかなり感じていて、身体がスムーズに動いていない委員さんもいますので、そこはリラックスできるように先生が声かけ等をします。しかし、そんな心配も活動が進んでいくにつれて薄らいでいきます。

両脇に大人と真ん中に子どもが手をつないで走り、旗を回って戻ってくるリレーで接戦になったときに、行きは3人できちんと並んで走っていたのですが、旗を回ってから帰りはなんと真ん中の子どもは宙に浮いています。大人があまりにも熱が入りすぎて自然にそうなったようです。

終わりの言葉を言う委員さんが「自分の親子だけでなく、学年全体が親子になったのが見えました。大成功です」と締めました。

34・避難訓練

◆「おかし」を忘れない

避難訓練は災害等が発生したことを想定して、みんなが早く安全な場所へ避難することが目的です。以前は火災を想定した訓練を年に1回行う程度でしたが、1995年に起きた阪神・淡路大震災からは地震を想定した訓練が、また2001年に起きた附属池田小学校の事件からは不審者が侵入したことを想定した訓練が行われるようになり、1学期が火災、2学期が防犯、3学期が地震の避難訓練と、年に3回実施する小学校が多いです。

それぞれ避難経路等が決められていて、火災が発生した場所や不審者がいる場所、また地震によって通ることができない箇所を想定して、いくつかのルートがあります。

そして運動場まで安全に避難できるように、押さない・(校舎内では)駆けない・しゃべらないの頭文字、「おかし」を忘れないことを指導します。

トピックス　ガラスが割れた

避難訓練の重要性が認識されると、さらに高度な内容で児童たちの意識を高めていく必要がありますから、消防署から消防車による救出や、警察署から警察官が学校に来てもらって不審者から身を守る方法を実際にやってもらいました。

不審者が学校に入ってきたという想定での避難訓練で、警察署から3人の警察官が講師として学校に来られたとき、何か訓練だけでは収まらないような空気を感じました。いつもは実際に事件現場にいて気が抜けない状況が、そのまま学校に移っただけのような感じでした。

訓練は3人の警察官のうちの1人が不審者役で、あとの2人は警察官役です。3人ともがっちりした体格で表情も険しく、2人の警察官役も暗く重い感じの私服を着ているので異様な雰囲気でした。

訓練が始まると不審者役は教室で大暴れをします。担任の先生が児童を後ろに誘導したあと、刺又で対抗しますが収まりません。そのうちに2人の警察官が駆け付けて鎮圧しようと格闘のようになり、窓の近くであったため実際にガラス1枚が割れてしまいました。あとで「すみません、熱が入りすぎました」と平謝りでした。

35・お店屋さん

◆夜店が学校にやってきた

1年に1回は特別活動の一環として、1年から6年までの教室（または特別教室）でお店屋さんを開く小学校が多いです。紙で作った魚にクリップをくっつけて磁石で釣る魚釣りや、割りばしで作った鉄砲に輪ゴムの弾で撃つ的当てゲーム等、夜店が学校にやってきた感じになります。

その日のだいたいの流れは、1〜2校時がみんなでお店の準備をして、使う道具や品物等は前日までに作っておきます。そして3〜4校時はいよいよお店屋さんを開きます。1クラスを半分の人数に分けて、3校時がお店屋さん役なら4校時はお客さん役で、3校時がお客さん役なら4校時はお店屋さん役です。

トピックス　泣き出したあとには

お店の1番人気はお化け屋敷です。6年生が苦心して製作した物で、遊園地よりもかなり現実的な物がありました。その作品は誰でも行って遊んでいる校区にある公園が再現してありました。

普通のお化け屋敷でしたら、今まで行ったことがない世界のことが描かれているので、架空のことだと割り切れていました。しかしさすがに身近なところがお化け屋敷になっているのは恐怖であります。

1年生の児童はお店屋さんの活動自体が初めてなので緊張している上に、現実的なお化け屋敷を体験したことで泣き出す児童が多発しました。すぐに、お化け役の6年生の児童はおどかす役からなぐさめる役に変更したつもりでしたが、メイクを落としてなかったのでさらに泣き方が強くなりました。

命からがらお化け屋敷から脱出した1年生の児童は、次は安心できる魚釣りのゲーム等に行ったかと思っていたのですが、予想は外れてなんと別のクラスのお化け屋敷に向かっていました。恐怖心もあると思いますが、それ以上に身近なお店に魅力を感じているようです。

インタビューコーナー❸

小学校男性校長

毎日、計画通りにいかないから学校は楽しいんです。もちろん、学習指導要領に沿って各学年に指導をする内容は決まっていて、綿密に計画を立てなければ授業は成り立ちません。

しかし、その計画に沿って授業を進めてみても、ほとんどの子どもたちが理解できていないことがあります。そんな時は次の時間の最初に、もう一度同じことを説明してから次に進むようにします。また逆に、授業時間の半分ぐらいで大方の児童が理解できたので、時間が余ってしまうこともあり、その時は次の時間の最初にやる予定の学習もします。

計画通りにいかないのはいろいろな理由がありますが、子どもの性質や好みがみんなちがうからだと考えられます。ですから、研究授業等で自分が受け持っているクラス以外で授業をすると、同じ指導案でも子どもの反応が違います。自分のクラスではうまくいかなかったことでも、他のクラスではスムーズにいくとほっとします。

子どもはみんなちがいます。育ってきたところの環境のちがいや家族構成によっても、考え方や感じ方はさまざまです。しかし、どの子どもも学びたい意欲や友だちと仲良くしたい気持ちがあります。たくさんの子どもたちを育てていくことはとても難しいことですが、それだけに魅力があります。

先生方も同じようなことが言えると思います。校長になりたいと思ったのは、先生方一人一人の個性を尊重しながら、育てていきたいからです。校長は職員室のクラス担任なのです。

第I部
保護者でもよく知っている先生の仕事

第4章
校外行事

36・遠足

◆うきうきした気分

朝から子どもたちはいつもよりテンションが上がっています。いつものランドセルのかわりにリュックサックです。遠足のしおりを何回も読み返して、忘れ物をしていないか確かめている子どももいます。興奮して寝不足の子どももいます。遠足の日には、いつもよりもしっかりと健康チェックをしておきます。

遠足は貸切バスで行く場合が多いです。目的地まで直行してくれるので車内できちんとしてくれれば、安全に移動ができます。

電車等の公共交通機関を利用することもあります。このときは安全面に十分注意を払わなければなりません。他のお客さんの迷惑にならないようにもしなければなりません。それでも、子どもたちはみんなで電車に乗るのが楽しそうですし、交通の学習にもなります。

トピックス　どの学校が目立った？

目的地では引率による見学か、または4人ぐらいの班行動による見学が多いです。いずれの場合も、迷子にならないように気を付けなければなりません。自分の学校の児童だと分かるように、体育の授業で使う赤白帽子をかぶるのも一つの方法ですが、そのようにする学校が多いのでシーズンのときは見分けがつきません。そこで各学校はさまざまな工夫をしています。

以前は校内用の名札を付けている学校もありましたが、個人情報を重んじるようになってからは見かけなくなりました。

目立つ物としては、リボンを胸や上腕につけている学校をよく見かけます。目立つ色・反射鏡のような材質・結び目の形等いろいろな工夫をしています。

たまに、スカーフを巻いている児童を見かけることもあります。また体育の授業や運動会で使うゼッケンつけてくる学校もあり、番号順に並んで歩いている姿には思わず見入ってしまいます。

遠足が終わって児童が下校したあと先生たちは1日をかえりみますが、その中でどの学校がよく工夫されていて見栄えしたかを話し、順位もつけたりします。

37・社会見学

◆学校の外で学びます

社会科・生活科では、いろいろなところを見学して学習します。低学年では学校の近くの公園に行って、遊具の種類・禁止されている遊びがないか・トイレが設置されているか等を見て、少しの時間はそこで遊ぶこともあります。

中学年になると浄水場に行くことが多くあり、飲める水がどのようにしてできていくのか、10か所ぐらいの設備を水が流れていく順番に見ていきます。また汚水処理場やごみ処理場等、家庭に直接つながりがあるものを見学します。

高学年では新聞社や工場へ行きます。お菓子の工場では全員に、新発売の製品をいただいたことがあります。

トピックス　線路の幅がちがう

低学年では近くの公園に行きますが、せっかくですからそれだけではなく、神社やお寺も見ることができるように、わざと遠回りをすることがあります。そして、できるだけ同じ道を通らないように校区内を1周するコースにします。さらに交通量が多い等で危険個所の確認もします。

3年生を受け持ったとき、バスなら1時間ぐらいのところに社会見学に行くことになりました。そこは鉄道の駅からも歩いて7~8分のところで、学校からも歩いて5~6分で駅があります。ただしJRと私鉄なので、途中で乗り換えが必要です。

学年で協議した結果、鉄道で行くことになりました。鉄道ならまず遅れることがないのが理由ですが、鉄道の社会見学もできるからです。しかも2社なので、比べることもできます。

電車に乗ったとき、行きは一番前で運転士の仕事が分かり、帰りは一番後ろで車掌の仕事が分かりました。乗り換え駅では、駅の設備のちがいや駅員の仕事を見ました。私鉄の電車に乗っていて、運転席越しに前の景色を見ていた児童が「JRよりも線路の幅が広い。」と、ちがいに気づきました。

38．修学旅行

◆平和を感じるために

修学旅行の行き先は平和学習の一環として、広島に行く学校が多いです。原子爆弾による被害の大きさを学び、今でも世界にはたくさんの核兵器があり、それが重大な問題であることを学びます。

私が勤めていた学校からは、広島は位置的にも行きやすいところで、鉄道や道路が整備されているので移動をするのが便利です。

1日目は広島で平和学習をしっかりと行い、2日目は日本三景の一つで、広島から南西に約20キロメートルのところに、厳島（通称は宮島または安芸の宮島）があるのでそこへ行きます。厳島神社の大鳥居が有名です。満潮時には海上に浮かぶ姿は見ごたえがあり、干潮時には歩いていくことができます。

トピックス　1年生も鶴を折ったよ

広島への交通手段は何にするのか、毎年議論をします。新幹線を使うと新大阪から広島まで1時間20分しかかかりませんが、駅までの交通手段や荷物の積み降ろしが課題です。バスでしたら学校から現地まで直行してくれますが、所要時間が新幹線の3～4倍かかり渋滞するとさらに伸びます。その年の交通手段を決めるのが楽しみでもあります。

修学旅行に行く1～2週間前に、6年生が全校児童に折り紙で鶴を折ってくれるように呼びかけます。被爆したあとに白血病で亡くなった少女の像にたくさんの折り鶴を捧げるためで、広島の平和記念公園内に持っていきます。

1年生は鶴を折ったことがある児童が少なく、しかも普通の折り紙の4分の1しかない大きさなので苦労をしていますから、6年生が教室に入って、折るのが難しい児童にはマンツーマンで一緒に折ります。

6年生が修学旅行から帰って1週間目ぐらいに、広島の平和学習で学んだことをみんなに伝える集会が体育館で行われます。その中で、全校生が折った折り鶴を平和記念公園に捧げた話が、何枚かの写真を見ながらありました。それを見ているみんなはこみあげているものがあるようでした。

39・連合音楽会

◆音楽会ホールのステージに

毎年秋には連合音楽会があり、伊丹市では小学校5年生が音楽ホールに集まって、歌の合唱や楽器の演奏を披露します。なぜ5年生が出演するかと言いますと、6年生は連合体育大会に出るからです。音楽ホールのステージに立つのは初めての子どもが多く、照明等の設備や規模の大きさに目を丸くします。

出演順は公平になるように、毎年かえていきます。ですから自校が何番目に出演するかは、直前まで分かりません。最初の方の出演であれば、あとは他校の合唱や演奏をゆっくりと聴くことができます。

いずれにしても聴く時間のほうが多いですから、声の響きや楽器の音程等、その日は名曲に浸るようにすると演奏会の値打ちがあります。

トピックス　その年は音楽会がない

校内の図工展と音楽会は2年に1回、交互に行っていることはその項目で述べました。音楽会のない年の5年生は、1から練習することになります。そのためほとんどの音楽担当の先生は、1学期のはじめから少しずつ連合音楽会に向けて、普段の授業のときから取り組んでいます。

曲目は、1学期の始まる前から検討されています。昨年の音楽会の5年生と4年生の曲、最近の連合音楽会で披露した曲や他校が合唱・合奏していた曲、その年の5年生の人数等を考えて決定されます。

連合音楽会の本番1週間ぐらい前には、全校朝会の時間に体育館で全校児童に披露します。音楽会がない年でも、音楽会の気分を味わう事ができます。特に1年生はこんな体験は初めてなので、とても満足な様子です。

連合音楽会本番ですが、単純に考えて半数の小学校は音楽会がありません。それでもどの小学校も上手な合唱や演奏で、見分けがつきません。音楽会があった小学校も、高めていた内容を持続していて立派です。

40・連合体育大会

◆運動会プラスの練習

市内の小学校6年生が競技場等に集まって、組体操やダンスの演技と学校別リレーや走り幅跳びの競技をします。

各小学校の運動会が終わって1週間後ぐらいに行われますから、同じ演技と競技をするだけです。ですが自校だけとはちがい、たくさんの人数の6年生が集まります。

どの小学校も、運動会のあとの1週間の練習に力が入ります。特にリレーは順位がはっきりとした競技ですから、リレーゾーンでのバトンの受け渡しの練習を繰り返し行います。

また組体操でもみんながきちんと揃い、しっかりとバランスを取って見ごたえがある演技ができるよう練習をします。

トピックス　ふれあいを大切に

連合体育大会では、一連の演技や競技が終わってからも、まだまだ熱が冷めきらないことがあります。

特にリレーでは、がんばって走っていたのに接戦になって惜しいところで追い抜かれ、勝利はまちがいないと思っていたときにバトンを落としてしまったことなど、リレーが終わってもくやしい状態が続きます。

組体操でも、運動会ではうまくできていて、その後の練習でもピタリと決まっていたのに、連合体育会ではいつもの実力を発揮できず、気持ちが沈んでしまっていることがあります。

そういう気持ちを静めるために、最後のプログラムとしてフォークダンスをすることがあります。

他校との交流を深めることも目的にあり、わざと内側の円と外側の円をずらして、相手が他校の児童になるようにしています。フォークダンスが終わるころには、みんなすっきりとした気分になっています。

インタビューコーナー❹

Q. 先生をやっていてよかったこと

●昼間は子どもと過ごす時間が保護者よりも多いので、がんばっている姿をみる機会も多いです。個人懇談会等で伝えると感動されたこと。（40代男性教諭）

●６年生担任の時、クラスが荒れていて悩んでいたことがありました。そんな中でも、正しいことをきちんとやっていこうとする子どもたちの姿に励まされ、何とか乗り切ることができました。そして、卒業式のあとにその子どもたちから感謝の言葉をもらい、思わず涙が出ました。（30代女性教諭）

●運動会で応援団の指導をしていたことがあり、団長に選ばれたのはよく生活指導の対象になる６年生でした。生活指導の先生も気にされて、応援団の練習時にはよく見に来てくれました。しかし、団長は声が枯れるほど熱心でそれを見た団員も必死についていきました。本番でも充実した応援をして、さわやかな表情がよかったです。（50代男性教諭）

第Ⅰ部
保護者でもよく知っている先生の仕事

第5章
学校生活・きまり

41・生活指導

◆お店から学校に通報

児童がお店で万引きをしたことがありました。そういうときは、たいてい学校に電話がかかってきます。

その理由として考えられるのは、児童の自宅は電話番号が分からないので、本人に聞き出す必要があり、それに自宅に保護者が滞在しているとも限らないからです。

お店の方は万引きをしたのが子どもの場合、警察に連絡することはめったにありません。

私が生活指導を担当していたとき、何回かお店に出向いたことがあります。お店に行く途中、児童はどれだけの物を盗ったのか、今はどのような心境になっているのか、保護者にはどのような対応をしようか等、頭の中がいっぱいになります。

トピックス　警備のプロです

学校の近くのホームセンターから平日の夕方頃、学校に電話がかかってきました。「お宅の女子生徒さんが、うちの商品を万引きしましたのでお預かりしていますから、迎えに来ていただけますか」

すぐにホームセンターに行くと、店員の方が事務室のような部屋に案内してくれました。そこには児童と、お客さんのような男の人が向かい合って座っていました。私と児童のクラス担任が部屋に入るとすぐに、その男の人が「警備員の○○と申します。私服で店内を巡回しております」とていねいに挨拶をされました。

警備員は制服を着ていると思い込んでいたので、私服なのには驚きました。それもセーターのようなラフな服装なので、いかにもお客さんのような感じでした。しかもやさしそうな顔つきなので、少しほっとしました。

その警備員さんは児童に対して、不安感を与えないようにしながらも、そのときの様子をきちんと聞いていました。ですから児童もどうして万引きをしたのか、きちんと理由まで説明できていました。相手が大人だったら、またちがう対応をするそうです。この方こそ、警備のプロだと感じました。

42．登校指導

◆朝早くから

登校指導は学校によって、時期・回数・人数等はさまざまで、ＰＴＡや見守り隊等も協力してくれます。

先生も1か月に1回ぐらいの割合で児童たちが家を出る前に各地区に分かれて、「交通安全」「危険な箇所がないか」「挨拶」「遅れてくる児童への声かけ」等の登校指導を行うところが多いです。

民生児童委員等の見守り隊やＰＴＡの方々が交代でポイントを決めて旗を持ち、立ち番をしていただいているところも多いです。朝は通勤通学で急いでいる人が多く、自動車・単車・そして自転車もけっこうスピードを出していますが、児童の登校時は気を付けて走ってくれることが多いです。

トピックス　朝の表情は特に正直

子どもは正直と言いますが、朝の表情は特に正直に表れます。また表情だけではなく、挨拶でのトーンにも出ます。

独り言のように、ぶつぶつ言いながら登校してくる児童がいました。こちらが「おはよう」と話しかけても蚊の鳴くような声で、何を言っているのかも分かりません。

出かける前に、お家で何かトラブルでもあったような感じがしました。すると、すぐにその児童のお姉さんが「なかなか起きなかったのでお家の人に怒られるし、朝食は半分ぐらいしか食べられなかったし、靴下は片方が見つからずで、半分泣いていました」とほぼ予想通りの話しをしてくれました。

月曜日の朝は割とこのような傾向になる児童が多いですが、これも正直で、金曜日には同じ子どもだとは思えないほど明るい表情になっていることもあります。

登校してくる子どもの表情から、その日の時間割や給食の献立も予想をすることが出来るようになります。

43・地区児童会

◆ラジオ体操の世話役も

　学期末になるとその学期中の登下校の振り返りや、長い休みに入るのでその過ごし方、そして地区ごとに行われるラジオ体操の世話役等を決めるために、地区児童会を行う小学校が多いです。

　あらかじめ同じ町内に住んでいる児童が〇町〇丁目地区等、地区の名前と教室それに担当の先生も決めておきます。児童の数がどの地区もほぼ均等になるようにするため、同じ町内で大人数になると番地等でさらに細かく分けます。

　地区児童会が始まる前には、低学年の児童はどこの教室に移動するのか難しいので、高学年の児童が迎えにいくところもあります。

トピックス　兄弟姉妹が同じ教室で

地区児童会は、１年生から６年生まで同じ教室で指導を受けます。外国では普通の授業でも縦割りの有効性を認め、意図的に異年齢のクラス編成をしているところがあります。日本では極端に人口の少ないところで複数の学年を一つにまとめる複式学級がありますが、都会の小学校では生活科の学習等で、お店屋さんを開いて低学年をお客さんとして招待するときぐらいです。

地区児童会はいつも放課後や休みの日に遊んでいる近所の友だちや兄弟姉妹が同じ教室に集まるので、いつもとはちがう雰囲気になっています。普段のクラスではおとなしいのに、ここではよく発表する子どもがいます。逆に普段のクラスではよく発表するのに、ここではおとなしくなる子どももいます。

近所の友だちや兄弟姉妹はいつも仲がいいのか、それとも何らかの圧力がかかっているのか、いつもの関係がここで見えるような気がします。

地区児童会が終わったら一斉下校になります。

44・一斉下校指導

◆地区ごとに集合

小学校は学年によって学習をする時間がちがうため低学年は早く帰り、中高学年になるにつれて遅くなります。そのため学年ごとに、できるだけたくさんの人と一緒に帰るように指導します。

学期末になると給食がない日もあるので、そのときは全学年が午前中に終わります。そのうち1日を一斉下校とし、運動場に地区ごとに集合して1年生から6年生まで集団で帰ります。

ふだんとはちがうメンバーで帰ることができ、兄弟姉妹や近所の友だちが一緒になることはめったにないので、子どもたちは親近感を味わっています。

トピックス　いつもとちがって、きりっとしています

地区児童会を行ったあとに一斉下校をすることが多いです。その地区担当の先生は、一番遠いお家の前まで児童と一緒に行きます。通学路は道路幅に合った自動車の量等、交通安全になっているか。児童が狙われやすい箇所はないか。児童がきちんと道路の端を歩いているか。その他、工事等で前回の一斉下校と変わっていることはないか等が主な目的です。生活指導担当が一般的な注意事項等を全校生に話したあと、一斉下校が始まります。順番はまず学童保育に行く児童からで、次に学校から遠い地区からが一般的です。

実際に後ろからついていくと、さすがにいつも通っている通学路なのかみんなスムーズに歩いていきます。こういうときは高学年の児童が意気込んでいます。兄弟姉妹であってもそんなのは関係なく、きりっとした動作でみんなをひっぱり、交差点等特に注意をする必要があるところでは先生のような様子です。いつもの同級生がいるクラスでは見られない姿です。

災害が発生したときやしそうなときは保護者が迎えに来るところが多いです。そんなときは体育館等で地区ごとに集まっていると家族がそろいます。

45・就学前健康診断

◆良好な健康状態で

秋ぐらいになると、来年度入学する幼児たちが就学前健康診断を受けに小学校に来ます。就学前に健康状態を確かめ、疾病等が見つかったら適切な治療や生活習慣の改善の指導をします。

主な健診は眼科（視力検査を含む）・歯科・耳鼻科・内科で、希望する人には相談コーナーがあります。知的発達等が気になる人には特別支援学級の先生や専門の先生が保護者からくわしく話を聞き、子どもにも話してみて正確な答え方ができているか、正しく発音をしているか等を観察します。

また、健診の結果、虫歯等があると早めに治療を受けることができて、入学までに良好な健康状態で臨むことが出来ます。

トピックス　上の子どもに似ています

その日は多くの先生が役割分担をします。名前を確認し、健診表に記入をしてお医者さんのサポート等をしていきます。そのときに子どもの行動もよく観察して、知的発達等がないか見ておきます。場合によっては保護者へ連絡をして子どもの成長に一番いい方法を促すために、専門の先生の紹介もします。また、新学期のクラス分けの資料としても使用します。

兄姉の参観日等で小学校に来ることはあっても、自分のことで来るのはみんな初めてです。幼稚園・保育園とはちがって、小学校の広さ・教室の数の多さにきょろきょろしています。

不安そうな顔をしている子どももいますが、もうすっかり小学生の気分になった、活発そうな子どももいます。

子どもたちの表情や動作から、初めてのはずなのにどこかで見たような気がして、よく考えてみると担任した子の弟妹でした。その子たちが入学してくるのが楽しみになり、上の子のこの部分が似て、この部分は似ないでほしいという気持ちになりました。

46・1日入学

◆1年生がお兄さんお姉さん

来年度に入学する幼児がその2カ月ぐらい前に体験のため小学校に来て、1時間ほど教室で過ごします。伊丹市では1日入学という行事で、保護者はそのとき体育館等で入学準備の話を聞きます。

生活科授業の来年度の1年生を迎える一環で、今の1年生がお世話をします。自分のペアになる幼児が教室に入ると座るいすを示し、カバン等の持ち物を置く場所を教えて、トイレの案内をします。

全員が揃うと1日入学が始まり、代表が前に来て歓迎の言葉やタイムスケジュールの説明をします。その後ペアになって一緒にかんたんなおもちゃを作ってそれで遊び、1年生が作ったメダルをプレゼントします。

トピックス　１年生が大きく見えます

１日入学の数日前から当日のプログラムに応じて役割分担を決め、初めの言葉や当日の流れの説明をする人はリハーサルをします。おもちゃも作ってみて、うまく遊べるか試してみます。当日は自分が作るのではないのでうまく説明をして、それでも難しいようなら並行して手を添えるような練習をします。

１年生より幼児の方が多い場合は２人を１人でみることになるので、それでもやれそうな児童を配置します。そしてそこにいつでも応援ができそうな子を、その近くに配置しておきます。

１日入学をみんな心待ちにしています。いつもは１年生ですから小学校ではいつでもいちばん年齢が下で、高学年を中心にお世話になっています。ですがこの日だけは上になるわけです。

子どもたちのいつもは見ることができない風景が、この日だけはちがって見ることができます。声のトーンがちがいます。いつもの動きとちがって機敏です。自ら幼児に話しかけています。たくましさに感動します。

47・特別支援教育

◆普通学級は交流学級

障害がある児童の学習の場を設けることで、個に応じたきめ細かい指導をすることができます。特別支援学級は児童の障害の特性に合わせて、少人数（場合によってはマンツーマン）で指導をします。

特別支援学級の児童は1日中そこで過ごすことはなく、可能な限りは、障害がある児童と障害がない児童が一緒に学習をしたり生活をしたりできるようにしています。

国語や算数は特別支援学級で学習することが多いですが、それ以外の教科は大方普通学級で過ごしています。

また給食や掃除も普通学級でクラスのみんなと共に過ごして、自然なサポートを身につける姿もあります。

トピックス　友だちが難しい言葉を

特別支援学級の児童もほとんどの時間を交流学級である普通学級で過ごすため、普通学級のクラスも最初から決めていて、事実上はそこにも在籍しているような流れになっています。

ですから登校すると普通学級に行き、学用品は机の中に入れ、ランドセル等の荷物は棚に置きます。そして始業前から朝の会までそこで過ごします。日直のときは朝の会の司会もします。

難聴特別支援学級に在籍する４年生児童の交流学級を受け持ったことがありますが、わずかに聴くことができるため補聴器をつけています。しかしクラスのみんなが大きな声を出したときは大音量になり、普通の大きさで話さないと補聴器がかえってマイナスの効果になります。

耳からの情報よりも、大抵は口の動きや顔の表情で話の内容を読み取る口話法です。１年生から一緒に過ごしている友だちの中には、口話法と身振り手振りでうまく会話をしており、昨日遊んだこと等の動作を示す言葉以外に「希望通りにできた？」等の難しいこともスムーズに伝えていました。

48・外国人児童も安心

◆言葉が通じません

日本で仕事をしている外国の方は、地域によってちがいがありますが年々増加傾向にあります。その子どもが日本の小学校に来ていますが、日本語が分からない児童も多いのが現状です。

その児童の国の言葉を話すことができる教員が、その学校にいれば都合がいいのですが、話せる教員はなかなかいません。そのため、その国の言葉が話せる支援員を手配するのですがすぐには来てくれません。

当面はクラス担任が指導をしていくことになりますので、ガイドブック等を見て対応します。

トピックス　子どもたちは柔軟

私もブラジル人の児童を受け持ったことがあります。その保護者は急に日本で仕事をする話が決まったようで日本に来て間がありませんでしたから、家族のみんなは日本語がほとんど話せません。

ブラジル人はほとんどがポルトガル語で話して、その児童もポルトガル語で話します。学校からもすぐにポルトガル語が話せる支援員の手配をしてもらいましたが、すぐには来てもらえません。

そのためクラス担任向きのポルトガル語研修会が行われ、かんたんな日常会話を学びました。

しかし普段の授業ではその１人以外は言葉が通じる日本人なのですが、それでもなかなか授業内容を理解してくれないことが多いです。ですからブラジル人のその子に、理解してもらうには程遠い話です。

そんな中でも子どもたちは柔軟です。わずかな時間でもちょっとした世話をしたり、一緒に遊んだりしているうちに、話ができるようになっているのです。

49・給食

◆おいしい

子どもたちは、学校で休み時間と同じように楽しみにしているのが給食です。今日の献立は自分が好きな物になっているか苦手な物は出ていないか等、食べることにはやはり目がないです。

それと、給食当番にやりがいを感じています。1クラスはほとんどが30人あまりで、それだけの人数にごはんやおかずを配るのはダイナミックです。家でできることではありません。

ちょっと難しいのは、大きな食缶からおかずをクラスの人数分の食器に入れていく仕事です。1人前の分量を予想して入れていきます。足りなくなるのを心配しすぎると、たくさん余ってしまいます。全部入れ終わったときに食缶が空になるのが理想です。

トピックス　先生も好き嫌いがなくなった

こんなに安いランチはありません。ワンコインどころか１食３００円もしないで食べることができます。しかもカロリーがきちんと計算されていて塩分の取りすぎの心配もありませんし、栄養もたっぷりです。

カレーは子どもたちばかりか、先生にも大人気です。もちろん、辛さはそれほどありません。とても大きな鍋で作るので、カレー以外でもほとんどの献立で独特のおいしさがあります。

給食のおかげで好き嫌いがなくなった児童がいました。自分が苦手な食べ物をまわりのみんながおいしそうに食べているのを見て、同じようにおいしそうな顔をして食べてみたら、味がかわって本当においしくなったそうです。

それを聞いたときから私も、たくさんの児童が見ている中で先生が残すとかっこが悪いので、苦手な納豆も何気ないような顔をして食べていると普通に食べられるようになりました。

50・清掃

◆一斉にします

過去には『掃除当番』という言葉がありましたが、今では『掃除分担』にかわって全員で一斉に掃除をするところが多いです。

小学校では清掃担当が校内の教室・特別教室・廊下・トイレ・体育館・運動場等、校長室や職員室を除いた場所の各クラスの掃除分担を決めます。それが決まるとクラス担任は児童への分担を決めます。

どのように分担をしていくかは、クラス担任に任されますが教室だけでも、「ほうき」「机を拭く濡らすぞうきん」「床を拭く乾いたぞうきん」「机といす運び」「黒板拭き」等たくさん種類があります。それに、廊下や特別教室があるとさらに種類が増えて、人数調整も容易ではありません。

トピックス　ていねいに縫ったぞうきん

用具もきちんとそろえておきます。ほうきやちりとりが壊れていたり、使用に耐えることができない物は取り替えます。ぞうきんもぞうきんがけも、濡らす物と濡らさない物に分けますので、それが分かるように名前を書きます。

掃除の時間は先生も児童と共に掃除をしますが、声での指示はできるだけ控え目にして掃除をしていきます。それと並行して児童が掃除をしている様子は、見ていないようで見ています。掃除が終わったら、だれのどういうところが上手にできていたかをみんなの前で話します。

ぞうきんは、児童のお家の方にお願いして持ってきてもらいます。最近はスーパーマーケット等に安価で売っているのも見かけます。ですからクラスで集めるときに、同じようなぞうきんがいっぱいで、たまに袋から出していないし、値札も取っていないのもあります。

また布をていねいに縫っているのもあり、それを見ると、ぞうきんだけではなく、あらゆるところに気配りが行き届いてるなと感じます。

51・子どもと遊ぶ

◆人気の遊びは

ほとんどの小学校では運動場で遊ぶことができる休み時間は、2校時終了と給食時間終了とで、合わせて2回あります。始業前も朝休みの時間と銘打って、早く学校に来た児童から運動場で遊んでいます。子どもたちは休み時間を楽しみにしています。

ドッジボールは昔も今も人気ナンバーワンです。ボールが1個あればそれを持って運動場に行き、足で長方形のコートを描くと準備ができます。人数も6人ぐらいから40人ぐらいまで可能で、それを2チームに分けるだけです。ルールもいたってシンプルで、主に中・高学年がそれでよく遊んでいます。

低学年はオニごっこが人気で、高オニ・色オニ・氷オニ・手つなぎオニ等、種類も多く小学校の運動場には適していて、線を描く必要もありません。

トピックス　いつもとちがう姿が

業間休みになり授業が終わってほっとしたいところですが、子どもたちから「先生も一緒に遊ぼう」とよく声をかけられます。休み時間でも先生は休めません。ただしここでの休み時間は児童の休み時間のことで、法律上の教員の休憩時間とは切り離して述べていきます。

子どもが遊んでいるときは授業中とはちがった姿が見えることが多くありますから、できるだけ休み時間も子どもと一緒に過ごすようにします。

授業中はとてもおとなしく、ほとんど挙手もしない2年生の女子児童が運動場で友だち数人とオニごっこをしていました。私がオニという条件で入れてもらったところ、とても素早い動きで逃げていて「そっちから回る方がタッチしやすいよ」と余裕でアドバイスをしてくれました。

5年生の男子児童は計算が苦手で、算数の時間はとても苦労をしていました。ところがドッジボールで遊ぶときには、「コートを描く人は、1歩が○㎝だから縦が○歩で横が○歩」「今の人数は○人だから、○人と○人に分けます。もう1人来たらこちらのチームです」と言って実践での計算はバッチリでした。

52・身体測定

◆順調な発育を

子どもたちが健康で安全に生活できるようにするため、学校は保健の行事も多いところです。

保健室でできる主なものは、身長や体重などを測る身体測定。どれだけ見えているかを測る視力検査。きちんと聴こえているかを測る聴力検査があります。

その他、お医者さんに診てもらう内科検診・心電図検査・眼科検診・耳鼻科検診・歯科検診、そして、尿検査・脊柱側弯症検診・シラミ検査等も学校または学校で集めて検査をするところに持っていく方式で行っています。

以前は色覚検査もあり、インフルエンザ等、さまざまな予防接種もやっていました。それにしても多いです。

トピックス　ＣがＣってなんのこと？

担任は主に記録をしていきます。難しいのは歯の検査です。小学生の歯は学年によってもさまざまで、全部が乳歯の子どももいれば全部が永久歯の子どももいます。乳歯と永久歯が半々ぐらいで、しかも乳歯が抜けてまだ永久歯が生えていない子どももいます。

乳歯は上の歯が10本、下の歯が10本、全部で20本あります。それぞれの歯に記号があり、前歯がＡ（上下左右）で奥に行くにつれてＢＣＤＥの順になっています。永久歯は前歯が１で８までの全部で32本あります。

お医者さんは右上の奥歯から虫歯等がないか見ていきます。虫歯はＣ、健康な歯は／（斜線）で、その他にもいくつか用語があります。子どもの歯を見ながら歯の番号と用語をどんどん伝えてきます。

「６斜線、５がＣ、４から反対の６まで斜線。下行って６斜線、ＥＤ斜線、ＣがＣ、Ｂから反対のＥまで斜線、６斜線」というように。

お医者によってはかなりの速さです。虫歯が多いと記録が追いつかず、「待ってください」と言うこともあります。ＣがＣとはややこしいです。

学校によっては検診の時には担任も白衣を着ることがあります。記録をしていると、看護師になった気分です。

53・成績表・指導要録

◆絶対評価

評価の方法として、相対評価と絶対評価と個人内評価の3つがあります。小学校では絶対評価が取り入れられています。児童1人1人が、決められた目標に到達しているか等を3段階で評価します。

終業式等に保護者に渡す成績表の3段階の表記は、『3・2・1』の数字と『A・B・C』のアルファベット、それに過去には『甲・乙・丙』でつけていたこともありますが、現在は、『たいへんよくできました・よくできました・がんばろう』等の言葉が多いです。

道徳は、学習したことが友だちやクラスのみんなの関わりに進展があるのか、道徳ノートに書いていることなども合わせて記述式で評価します。

トピックス　毎日少しずつ記録

保護者に渡す成績表ですが、実は法的な根拠はありませんから、発行しなくても問題はないのです。ですから自治体によっては1年に1回だけ発行するところや、所見欄は「個人懇談で連絡ずみ」と記しているところもあります。

学校教育法で作成が決まっているのが指導要録です。学籍と指導があり、学籍は児童の氏名や生年月日や転入学の記録欄があります。指導は各教科の学習や出欠の記録欄があります。

指導要録と同じような取り扱いで、健康診断表があります。表には身長や体重等で、裏は歯の検査表が記載されています。

成績表や指導要録をつけるときに、いちばん時間をかけるのは所見欄です。学習や友だち関係や当番活動等、その児童がいちばん活躍できたことは何か、書くことが多すぎて迷うことがありますが、書くことがあまり見つからないこともあります。

所見欄の記入例が書いてある本もありますが、教務必携に、その日に特に心に残ったこと等を毎日少しずつ記録していくと、スムーズに書けます。

54・検温と体調は

◆問診票チェック

コロナ禍で、先生の仕事がさらに増えました。児童の健康観察は今までは朝の時間に行っていましたが、問診票の回収が加わり、そこに記載されている項目を漏れなくチェックしていきます。

問診票を持ってくるのを忘れていたり、体温が基準よりも高かったりした場合は相応の対処をします。

教室の換気も常に行い、業間休みや掃除時間や昼休みには窓を全開にして、きれいな空気を取り入れます。教室にもアルコール消毒液を用意して、いつでも使える状態にしておきます。

トピックス　30人でやる掃除を1人で

職員室の机や、飛まつを防ぐためのパーテーションも毎日アルコール消毒を行って、さらに密集を防ぐため、放課後もできるだけ職員室でなく教室で仕事をしています。児童が使うトイレの掃除は、高学年を中心に児童が行ってきましたが、コロナ禍においては感染予防のため職員が手分けをして放課後に行っています。そのときに、教室や廊下のアルコール消毒も念入りに行います。

全国一斉休校から学校が再開してしばらくは、どこの掃除もすべて職員がやっていました。1クラスに30人あまりいる児童がやっていたことを、クラス担任が1人でやるのです。それでもそれに慣れてくると、児童が行う掃除の指導をするよりも、自分がやったほうが効率的だから、このままでもいいと言う先生の声も聞かれました。

トイレ以外は児童が掃除をするようになってから、その先生のクラスが教室の掃除をしていたとき、掃除をせずに遊んでいた児童に「先生だけがやっているほうがスムーズにできた。今からそのときに戻すのでそのまま遊んでいいよ」とやさしく言うと、今まででいちばん真剣に掃除を始め、それがずっと続いています。

インタビューコーナー❺

生活指導担当男性教諭

夏休み等、長期の間学校が休みになると、当然のことですが子どもたちはうきうきした気分になります。そのため、事件・事故が起きるリスクも高くなりますので、終業式には全校生に向かって安全面を中心にした話をします。

休み中の規則正しい生活や、禁止事項等のきまりごとを伝えていきます。各クラスでも前もって担任が話していますが、命にかかわることもある大切なことなので、みんなの前で再確認していきます。

子どもたちに興味を持って聞いてもらえる方法がないか考えました。保健室に用事があって入ったとき、人形が置いてあるのを目にしました。保健の先生に聞いてみたところ、けがをしたり、身体の痛みが激しくて泣いてしまう子どもに、人形を見せて落ち着かせるねらいです。

人形は複数ありましたので、その中から、5歳の男の子が出てくる人気アニメの主人公に似ている人形を借りました。名前を『スーパー・しんちゃん』にしました。人形がしゃべるところは裏声を使います。

次の終業式でさっそく『スーパー・しんちゃん』の登場です。すると今までとはちがって明るくなりました。子どもたちは顔を上げてこちらを見たからで、視線もこちらに集中しています。「こんにちは、スーパー・しんちゃんです。スーパーの袋から出てきたからです」から始まります。「スーパーしんちゃん、自転車の二人乗りはしないですね」「はーい、もちろんです。三人乗りをしますから」（笑）と言うような掛け合いで、休み中のきまりを確認していきます。

第II部
ちょっと専門的な先生の仕事

第6章

会議

55・校務分掌（分担）

◆校長は公務をつかさどる

法令上は校長の業務ですが、実際の学校運営には職員が分担することにより、円滑に業務を行っています。

主な校務分掌は、教育計画・時間割・学校行事・研究推進・生活指導・安全指導・特別支援・人権教育・視聴覚・情報教育・図書館教育・校外学習・保健指導・給食指導・清掃指導・児童会・学校評価・外国語活動・それに各教科です。

学校によってもちがいますが、ほかにもたくさんあります。それをどのようにして職員に分担するのか、決めるのが難しいことが多いです。

クラス担任を決めるときと同じように、経験年数やその人に向いているか等考えていきます。いずれのやり方でも最終的には校長が決めます。

トピックス　歳も考えて

校務分掌の担当が決まると計画を立案して職員会議に諮り、それに基づいて業務にあたっていきます。

どの校務分掌も責任ある業務にはちがいないですが、経験年数やその学校に慣れていないと担当をするのが難しい分掌もあります。

学校も勤務時間が決まっていますが、分掌によって帰りが遅くなることもあります。生活指導は、放課後に指導をすることがあり、場合によっては夜までかかることがあります。また学校周辺の施設等を熟知し、前年度の子どもの様子を知っている先生がよく担当をしています。

出張の回数が1か月に2～3回ある分掌や、1年間に2～3回しかない分掌もあり、かなり差があります。

そういうことを考えてまず新任の先生ができる分掌を決めて、そこから経験年数の少ない先生から決めていくのが一般的です。

経験年数の多い先生から「またこの分掌を任された。年齢も考えてほしいな」と本音がポロリと出ることもあります。

56・クラス担任決め

◆妊娠の可能性も考えて

新学期はどの先生がどの学年（クラス）を受け持つのか、子どもも保護者もいちばん気になるところです。学校の先生としても、自分がどの学年になるのか気になるところです。どういうように決めていくかは、管理職だけで決めたり、管理職と職員の代表数人が協議したり、全職員で協議したりさまざまです。

いずれのやり方でも、最終的には校長が決めます。

協議することで主要になる部分は、経験年数や年齢が偏らないようにします。その他、児童の人数が微妙でクラスの数がかわる可能性がある学年や、転任や新任の先生の人数、それに男女のバランス等、いろいろな角度から考えていきます。かつて、妊娠をする可能性がある先生のことも考えていた校長もいました。

第I部
第II部

トピックス　教師は1年勝負

過去にはクラス替えが2年生から3年生になるときと、4年生から5年生になるときだけ行われていました。同じクラスのメンバーが2年間続き、担任もほとんどが持ち上がりでした。

今は『教師は1年勝負』と言われ、どの学年も1年に1回クラス替えを行いクラス担任もほとんどがかわります。たまに持ち上がりもありますが、クラス替えをしているので3クラスなら昨年度に受け持った児童は3分の1です。

その学年の担任が決まると、どの先生がどのクラスに入るかは学年で協議します。3クラスだとすると、新任の先生がいる場合は2組に入るケースが多いです。教室が並んでいると1・3組に伝達等がしやすいからです。

始業式で校長先生から担任発表があり、多くの児童はドキドキしています。それと同じぐらいクラス担任もドキドキしています。児童によっては「やったー！」と歓声をあげています。

歓声をあげてもらった、もらわなかったに関係なく教室に行ってみんなと出会うと、誰もがほっとした様子で、それを見てクラス担任もほっとします。

57. 小会議

◆毎日のように会議が

学校は会議が多いところです。毎日のように会議をしていると言っても、過言ではありません。

職員会議は全職員で話し合って1か月に1回程度行いますが、6~7人で行う小会議が週に2回程度あります。

校務分掌の担当は原則1人ですが、それプラスで各学年から1人ずつ入ります。そのメンバーで職員会議の提案内容を話し合い、それが小会議です。たくさんの校務分掌がありますので、小会議が多いのです。

学年の先生が、教科の進度や教材の選択等を話し合うことがよくあります。いつでも話せるようで打ち合わせのようなことですが、これも学年協議会という会議に位置付けられ、月中行事です。

トピックス　小会議が終わってから

人数が多い職員会議とはちがって、6～7人での会議ですから意見が言いやすく、和気あいあいの雰囲気になることもあります。

校外学習の小会議で、1年生から6年生までの今年度の遠足の行き先の話し合いで、昨年度と同じところに行くことはすぐに決まりました。そのあと、現地に着いてからどのようにまわって見学するか、お弁当をどこで食べるか等、昨年度までに行った経験がある先生にたずねます。

そこまでで小会議は終わります。しかし、誰も席を立とうとしません。そこから行事にはない小会議の続きが始まります。

昨年度の遠足でのエピソードが主です。お弁当を教室に忘れて遠足に行き、現地に着いてお弁当の時間になって、リュックから取り出そうとして無いことに気がついた2年生男子児童がいました。どうしてそうなったかをそのときのクラス担任が聞くと、教室で友だち数人がリュックからお弁当を出して見せ合いをして、机の中に入れてしまったということです。クラス担任は、急いでお弁当を売っているお店に買いに行ったそうです。

小会議が終わった後のこういう話があって、次の会議につながります。

58・職員会議

◆各担当から提案

職員会議は、校長・教頭・主幹教諭・教諭・事務職員等で構成されて、学校運営に関わる事項を協議します。1か月に1回程度行われます。位置づけ等法的根拠は、専門書に詳しく書いていますので略します。

年度初めは、校務分掌各担当から提案しますので時間がかかり、2～3日に分けて行うこともありますが、そのほとんどは昨年度とほぼ同じ内容なので、わりとスムーズにいくことが多いです。

校務分掌によっては昨年度と同じようにはいかないのもあり、提案文を作成するのに苦労することがあります。

トピックス　意見をスッと通すには

職員会議は、司会・記録を各学年持ち回りでやることが多いです。司会は提案の順番を決めますが、一般的にあまり議論をされないような議題を最初の方に持ってきて、時間がかかりそうな議題は後に回します。そうすれば、議題の数だけでも少なくなって気持ちも軽くなります。

国や県から通達があって初めての提案をする場合、どの先生も経験がありませんので、活発な意見がたくさん出て、結論がなかなか出ないときがあります。こういう場合、意見を言う人はだいたい決まっています。

その議題では、同じような意見を何回も繰り返し述べていることがあります。いわゆる押し問答をして事実上議論が止まっている状態です。そして硬直状態のようになったとき、今まで黙っていた人が一言だけ意見を述べると、その意見がすんなりと通ってしまうことがあります。

ほとんどの人が疲れてしまった時でもあります。冷静に判断していた人の作戦勝ちとも言えます。

59・夏季研修会

◆夏休みは5日間だけ

子どもたちは1か月あまり夏休みがありますが、先生も同じだけ休みがあるわけではありません。夏季休暇として5日間もらえるだけで、一般企業のいわゆるお盆休みと同じぐらいですが、子どもたちが夏休みの間は連続でも分けてもいつ取ってもいいので、そこは融通がきいています。

夏季は研修会がたくさんあります。各学校内でも学校教育目標に沿った内容の中間検証や、研究授業に向けて意見を出し合ったりします。

学校外での研修会もたくさんあり、秋の運動会に向けてダンスの講習や各教科の授業研究等です。

トピックス　大学の教授と討論

夏季は全国で研修会が開かれています。大学の附属小学校等では夏休みの期間でも児童が登校して授業も行われることがあり、全国から数百人の先生が見に来ますから講堂（体育館）の舞台でやることもあります。事後研究会では活発で斬新な意見が多数出て、さすがに全国から参加している空気を感じます。

3～4日間のプログラムがある規模の大きな研修会では、見学に来た先生も参加できる懇親会が行われることがあります。懇親会ですから5～6000円は必要です。大きな研修会では、参加するだけでも資料を含んで5～6000円かかります。それでも私は参加しています。

懇親会では授業をしていた先生や、指導助言をされていた大学の教授（准教授）も参加されます。事後研究会では話されなかったことがどんどん出てきます。授業者と助言者の本音でのやりとりが聞けます。

見学に来た先生も自ら懇親会に参加されているわけですから、積極的に話に入ってきます。助言者と討論し、際立っていいアイデアを出されて、次回の授業を引き受ける人もいます。これこそ真正な事後研究会です。

60・職員作業

◆ペンキ塗りも職員で

小学校には、すべり台やブランコ等の遊具がたくさんあります。児童が安全に遊べるように傷やボルトのゆるみがないか等、毎月すみずみまで点検をしています。点検の結果が良好でも1年ぐらい経つと、遊具の色が薄くなりつやもなくなります。

児童が夏休みで登校しない間にやると、都合がいい作業があります。そのひとつは遊具のペンキ塗りで、夏は天気のいい日が多くあり乾きやすくもあります。

ペンキ塗りを業者に頼む予算はありませんので、職員が手分けをして行います。ジャングルジムは塗るところがたくさんあり、上の方はかなり高いですので容易ではありません。おまけに猛暑の中で行いますから、熱中症にも気を付けなければなりません。

トピックス　差し押さえシールのよう

職員作業は運動場だけでなく、体育倉庫や校舎の中でも用具の整理や備品の修理等、たくさんあります。

以前に、校舎の耐震工事のため9月から12月まではプレハブの仮校舎に移ったことがあります。そのため夏休み中にすべての物を仮校舎に運ばなければならず、大掛かりな職員作業になりました。

一般教室だけでなく、特別教室や校長室や職員室までが移動対象です。特に職員室には大きな机やたくさんの本棚やデスクトップ型コンピューター等があります。そして校長室には重い金庫があります。

それらを効率よく移動するために、職員室には教頭先生が待機し、運び出す順番を書いた紙を各備品に貼り付けていきました。教頭先生自ら「まるで差し押さえシールのようですが」と発言し一同大笑い、みんなの疲れも半減したようです。その紙のおかげで、仮校舎への搬入がとてもスムーズにいきました。

冬休みには耐震工事が終わって本校舎に戻す作業を行いましたが、夏休みの作業で慣れていたのと、またその紙のおかげでさらにスムーズにいきました。

61・親睦会幹事

◆校務とは別ですが

親睦会のいちばんの目的は、コミュニケーションを持つことと捉えています。学校というところは同じ学年の先生を除いて、先生同士であまり話をする機会がありません。

1日のほとんどは授業で、教室にいる子どもたちと過ごしています。放課後も会議や出張で1日が終わってしまいます。そのため、校務とは別の組織として交流をするきっかけを考えていきます。

親睦会の主な内容は福利厚生の充実で、あらかじめ会費を集めておいて冠婚葬祭の慶弔見舞金等を出します。その他、親睦旅行・忘年会・スポーツ行事の世話をすることが多くあり、校内または市内のソフトボール・バレーボール・卓球等の各大会の会場確保や用具の整備や飲み物等の買い出しをします。

トピックス　夜の運動会

小学校の親睦会世話係は２人ぐらいで、毎年かわります。世話係になるとレクリエーション等の企画を考えます。昨年度と大きくかえると提案するのがたいへんなのと反対意見も予想されるので、親睦旅行の行き先や忘年会のプレゼントを考えるぐらいです。

ですから前年度とあまり変化がないので、マンネリの状態が続くこともありますが、ある年の世話係になった２人は運動会のあとの食事会で、夜の運動会という企画を考えました。私はこれが今までいちばんコミュニケーションが取れていた企画だと思います。

小学校の運動会は、やはり表現（ダンス）が華です。各学年の先生は運動会のかなり前からダンスの研修会等へ参加したり、資料を集めて表現の内容を考えたりします。何をするかが決まると、学年の先生がみんなで実際にダンスをして細かい振りを考えます。運動会前の練習時間も、ほとんどが表現に使われます。運動会本番で子どもたちがうまく表現をしてくれると、喜びもひとしおです。

夜の運動会では、各学年の先生が子どもと同じように表現をします。そして内容を考えることで工夫したことや子どもたちの指導をしたときに苦労をしたことも、世話係がインタビューしてくれます。

インタビューコーナー❻

小学校女性教頭

私は中学校の勤務が多く教科担任制だったので、小学校ではクラス担任がほとんどの教科を指導することに目新しさを感じました。学級担任がほぼ1日中自分のクラスにいることは、子どもたち一人一人に深く関わることはできますが、いろいろな考え方等が十分に伝わりにくいこともあります。

しかし、今の小学校は学級担任以外の先生が授業をすることが多くなっています。高学年を中心とした音楽や図工や理科の専科をはじめ、英語学習には外国人の先生も多くなってきています。また、各学年で相談してそれぞれの先生が教科を決めて、教科担任のように授業をする小学校も増えています。それも得意な教科ではなく、苦手な教科に挑戦して力量を増すようにしています。

第II部
ちょっと専門的な先生の仕事

第7章

事務関係

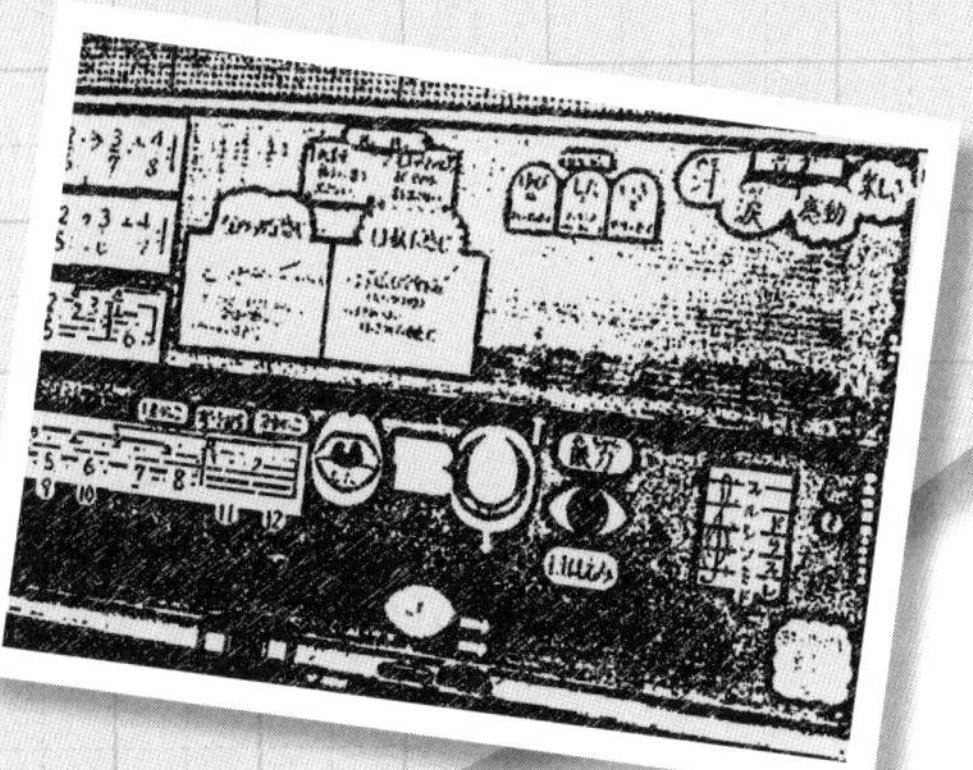

62・名簿作成

◆大切な名前です

新学期はクラスの名簿作りから始まると言っていいぐらい、大切な仕事です。2〜6年生の学級担任は自分が受け持つクラスが決まると、前担任が作成したクラス分けの資料を見ながら五十音順に児童の名前を表に書いていきます。

最近はコンピューターで名前が保存されていますから、転入生を除いて並び替えるだけでいいようになっています。

新1年生は教育委員会からもらった資料を見て、コンピューターで名簿を作成していきます。親から子どもへの最初の贈り物としてつけられた大切な名前ですから、間違いは許されません。コンピューターに入っていない漢字もありますが、そんなときも慎重に作成します。

トピックス　名簿を2種類作成

公立の学校は、児童の人数によってクラスの数が決まります。40人学級の場合は、1クラスが41人以上にならないようにします。たとえばその学年の児童が120人だったら1クラス40人が3クラスになります。

121人だったら3クラスにすると1クラスが41人になってしまうので4クラスにできます。1クラスが31人であとの3クラスは30人になり、1人のちがいでかなりゆったりします。

学級編成の基準日が4月7日ですので、その日の人数で決まります。それ以降に人数の増減があっても、クラスの数はかわりません。

4月6日現在でその学年の人数が120人だったとします。翌日にもし1人でも転入してきたら4クラスになりますが、今は3クラスです。4クラスになってもすぐに対応するために、3クラス用と4クラス用の2種類をあらかじめ作成しておきます。

このように児童の人数がぎりぎりの学年は、名簿作成に2倍の労力がいります。それでもクラスが増えると先生も増えますから、そっと期待する気持ちをもって会話をしながら2種類作っていきます。

63・教材の注文

◆どの出版社にしようか

教材は教科書であることはもちろんですが、それを基にしてほかにも学習に必要な教材をいろいろ使います。

代表的な物に、計算ドリルと漢字ドリルがあります。ほとんどの学校で使っていますが、使うか使わないかを決めるのはその学年の先生です。使うことが決まればどの出版社の物にするか選び出します。

新年度は教材の見本が職員室前の廊下にたくさん並びます。学校と提携している納入業者の販売促進です。学校によってはそのための部屋も用意しているぐらいです。

ドリル等1年間使う物は新年度すぐに、理科や生活科のキット等は習う時期になったら注文します。

トピックス　シールは自腹です

ノート類も教材ですが、書く量や空きスペースが児童一人一人ちがいます。1年生の新学期はノートのマスの数をそろえると指導がしやすいので、納入業者から一括注文しますが、それ以外は、自分のノートの書くスペースが少なくなったら、各自で文房具店等で購入してもらいます。

納入業者は先生が児童のノート等に押す「よくできました」等のスタンプやシールも販売しています。ただしこれは特に使わなくてもいい物なので、教材とは言えません。ですから使いたい先生は自費で購入します。それでも子どもたちはスタンプやシールを楽しみにしていますので、ほとんどの先生はたくさん購入しています。

今までに、スタンプもシールも納入業者から買わない先生を1人だけ知っています。赤ペンでコメントして、素早くイラストやマークを書かれていました。それにプラスして消しゴムを彫刻刀で彫って作ったハンコが押してあります。50個ぐらい作ってあり、かわいい動物や季節の花や乗り物等手作りならではの味が出ています。

まさに世界で1つしかないハンコは子どもたちに大人気です。

64・ゴム印注文

◆ピカピカです

1年生はまさにピカピカのオンパレードです。ランドセルはその通りで登下校を見ていてもピカピカに光ってますが、その他何もかもピカピカです。ゴム印も新しく注文します。コンピューターが発達してきた現代でも、やはりいろいろなところでゴム印を使うことが多いです。

ゴム印は名簿を業者に渡して作ってもらいますので、間違いはほとんどありません。出来上がったゴム印は香りもいい感じです。

ゴム印が出来上がるまでは保健関係の名簿等、いろいろなところに提出するものはすべて手書きでしたが、これでかなりスムーズになります。真新しいゴム印もピカピカの1年生です。

トピックス　さらにピカピカの1年生が

新学期の1年生の名札は、学級担任がひらがなで手書きします。一人一人、心をこめて書いていきます。このときにも児童の名前を覚えることができます。できた名札はピカピカです。

2学期には2年生以上と同じように、プラスチック板に名前を漢字で書いた名札になります。これは6年生まで使います。この名札も1学期の終わり頃に名簿を業者に渡して注文します。

またピカピカの1年生が増えました。子どもたちは漢字の名札をつけて得意そうな表情です。

学校によっては、漢字の上か下にひらがなが書かれている名札もあります。

ひらがなが書いていない名札で、漢字はまだ少ししか習っていないので、子どもたちはお互いに読めない漢字ですが、友だちの名前を知っているので、いかにも漢字を読んでいるように言い当てて満足しています。

65・時間割

◆複雑です

文部科学省が告示する学習指導要領により教育課程の基準になっており、各学校はそれに基づいて各学年の教科指導の時間を決めています。

主な決め方として、教育課程・時間割担当は各学年のクラス数を考えて、まず運動場・体育館・図書室・音楽室・図工室・理科室等の場所の割り振りをします。

それが決まったら、特別支援・音楽・図工・図書等の専科担当の割り振りをしますが、専科担当は非常勤の先生が最近は特に多くなっており、週に3日だけとか午前中だけの勤務だけとかで複雑です。うまく入らないときは場所の割り振りの一部を変更することもあり、場合によっては全部白紙に戻すこともあります。

トピックス　腕の見せ所

あまりにも複雑なので、最近は時間割専用のソフトもあります。場所や専科等のデータを入れていくと、いくつかの候補が出てきます。その中から最も適しているのを選びますが、同じ日に専科の授業が続かないようにしなければいけませんし、体育もできるだけ連日にならないようにして、そのようなことを考えるとコンピューターでも完全ではありません。最終的には譲り合って折り合いをつけます。

体育や図書（高学年を中心に音楽・図工・家庭科）等の時間割は決まりましたが、あとは学級担任が各教科の時数を考えて入れていきます。それも腕の見せどころで、国語や算数はできるだけ1・2時間目に入れるようにします。そのほうが子どもたちは少しでも集中できるからです。

体育が1時間目になることもあります。寒い日は身体がかじかんでつらいこともありますが、暑い日は1日のうちで一番ましな時間だと捉え、子どもたちにも損得なしと伝えています。

66・学年通信

◆内容は

学年通信はほぼ1か月に1回程度発行します。

主な内容の1項目はその月の行事予定で、学校行事の中から、その学年に関係した事項を載せます。カレンダー形式がよく使われます。

2項目は学習予定で、各教科の単元や内容、必要な持ち物も書いておきます。表にしたのが見やすいです。

最初に挨拶文を書きます。年度初めは各クラスの担任紹介で、簡単な自己紹介も載せます。

あとはお知らせやお願いです。暑い時季や寒い時季は特に体調管理に気をつけることや、親子活動の参加の呼びかけ等です。

トピックス　学年通信の名前は

１年生の年度初めの学年通信は、まだ字が書けませんからかなりの量になります。登校の時刻・地区の集合場所・提出物・ランドセルに入れる物・納金（銀行の引き落とし日）その月の行事・日ごとの学習予定・日ごとの下校時刻等が書いてあり、およそ1か月はそれによって日程が進んでいきます。

学年通信の名前は学校によっては、１年生から６年生まで決まっているところもありますが、ほとんどは年度初めに各学年の先生が考えます。「おおぞら」「かがやき」「はばたき」等がよくある名前です。名前が決まると職員室の黒板に〇年生〇〇〇と書きます。それを見ていた他学年の先生から「しまった、先に取られた」とか「どこも考えていない名前にしたから余裕です」等、大いに盛り上がります。

学校通信は管理職によって作成されます。主に挨拶文は校長で、学校行事やお知らせは教頭が書きます。

今の時代でも、手書きで挨拶文を書いている校長がいます。それがかえって新鮮味を感じ、内容も濃いです。

67. 学級通信

◆学校の様子を

学級通信は任意的な物ですので必ずしも発行する必要はありませんが、発行すると児童のやる気が増したり、保護者との距離が縮まったりします。

保護者が来校するのは参観日等で月にわずか1回程度です。自分の子どもはいつも学校でどのようにして過ごしているか、子どもに聞いてもなかなか分からないので、様子を知りたいのです。

また学年通信でその月の学習の内容は書いてありますが、見出しぐらいなので、理科では実験のようなことをしているのか、体育ではどのように身体を動かしているのか、詳しいことは書かれていません。保護者は子どもたちが、休み時間は運動場で元気に遊んで、どんな遊びをしているのかも知りたいところです。

トピックス 自分流で

　私の場合、学級通信は基本的に保護者向けに発行しています。ですから大人の言葉で書き、漢字も使っています。たまに児童向けに書くこともあります。そのときは児童が習っている漢字しか使わず、配った時に１度こちらがみんなの前で読みます。

　発行は１週間に１回程度で、原則月曜日です。曜日を決めることによって、読む人も心構えができます。１週間のできごとはかなりありますが、そこから伝えたいことを選び出します。

　毎日発行している先生もいます。その先生も決して無理はしていません。授業では黒板に毎日そして毎時間、たくさん字を書きます。そのような感覚で、さっさと書いてしまいます。

　学級通信は他の先生が書いたのを参考にはしてもいいですが、真似をすると長続きしません。それぞれの担任が色々と考えて工夫を凝らし、いちばん良い方法と思うやり方で書くのがいいです。

　学級懇談会で保護者から、「自分の子どもは学校のことを何にも話さないけど、これを読んだらよく分かるので毎回楽しみにしています」と話されたときはそっと満足感に浸ります。

68・印刷

◆種類がたくさん

学校は印刷物の多いところです。児童に直接関係がある各教科テストや練習問題やがんばりカード等があり、学校・学年・学級だより、その他PTA関係も含め学校からの配布文章も毎日数枚はあります。

それらの原本は、教材会社から購入したものや先生が作成したものがあります。それらの印刷は、学校に置いてある印刷機で先生がします。学校によっては事務職員が印刷をしますが、勤務時間外になってようやく原稿が出来上がることもあり、先生が自分ですることも多いのです。

トピックス　情報の整理をしてから印刷

印刷機も年々改良されて、短い時間に大量の印刷ができるようになっています。またクラスの人数を入力することで、自動的に各クラスの必要な枚数をクラス名が分かるように印刷されます。

画用紙やそれより分厚い工作用紙にも、印刷する紙の種類を選択することにより、うまく印刷することができます。体育で使うなわとび等のがんばりカードや、夏休みの絵日記にも適しています。

40年ぐらい前にはガリ版の時代があり、ロウ原紙に鉄筆で書いていたので、力が入ってしまうと破れてしまい、逆に力が足りないと印刷をしたときに薄くなります。それでも何枚も印刷できるのですごい発明だと思いました。

それから5年ぐらいで普通の紙に書いてあるものでも、輪転式印刷機を使うと大量に速く印刷できるようになりました。

今はパソコンから取り込んで、印刷もすぐにできます。便利すぎて自ら作成しなくてもいいようになりました。

情報が多すぎるのでどれを印刷するか、目標に沿ってうまく絞ることができるのがこれからの印刷の使命です。

69. テスト作成

◆時には手づくりも

テスト等のプリント作成は、それほどかんたんではありません。分かりやすく授業ができていたかを試される手段とも言えます。それでも手作りなら、子どもたちが授業でつまずいたところを重点的に盛り込むことができます。

最近は働き方改革もある程度進んできて、テストを業者にたのんでいる学校が増えたのでプリント作成の時間を他に回すことができますが、社会科などは地域の特色を活かした内容が多いことや、校区内の社会見学に行ったことも入れたいので、そこは手作りがいちばんです。

トピックス　自分の書いた記事がテストに

社会見学に行ったときにメモをしてきたことや、図書室で調べたこと等を合わせて、まとめとして新聞作りをするところが多いです。出来上がった新聞は教室や廊下に掲示されます。

新聞は、個人または班で１部発行します。この新聞は、社会見学で自分が実際に見てきた、ふだん身近には見られない物や、質問をしてきた内容が書いてある、世界に１部だけしかないいわば貴重な物です。

掲示をする前にその新聞の紹介をします。自分や班がいちばん伝えたかったところを、要点を押さえて発表します。自分が発表をするときはしっかりとしますが、みんなの発表もしっかりと聞くように伝えます。特に見学で児童がいい質問をしていて、それを新聞に書いていたときは、こちらで補足説明もします。

手作り新聞は活きた教材であるとも言えますから、そこから社会科のテストを作成します。テストの時間になって、新聞に書いていることを取り上げてもらった児童は得意そうな表情です。

70. ○つけ

◆追われています

先生の仕事のほとんどは、○つけだと思っている人がいるかも知れないほど、その時間にかける割合が高いのは言うまでもありません。朝みんなが登校してくる前に、少しの休み時間に、子どもたちがテストをしている間に、給食を食べ終わったあとに、放課後に、そして毎日のように家に持ち帰ってすることがあります。

一口に○つけと言いましても、赤ペンで○か×をつけるだけではありません。算数科で計算のように正解がはっきりとしている問題は○か×かつけやすいですが、文章題で一部の式が抜けているだけで、あとの式も答えも正解だったら、式を△にするのか、合っている式には○をつけて「式が1つぬけているよ」とコメントをするのか、難しいことがあります。

トピックス　解答が一発で分かります

漢字はテストとテスト以外で、○つけのやり方を変える方法があります。テスト以外の練習問題等では、漢字1字の中で細かく○や×をつけます。たとえば「伝」の漢字で、「にんべんがぎょうにんべんになっている」場合、余分な線に小さな×をつけて右側の「云」のところは○をつけます。テストで今のような漢字を書いている場合は、×だけつけて点数もありません。なお、子どもたちには前もって伝えておきます。

日記や作文は五重丸とか花丸をつけて、コメントを書きます。日記や作文で文中の字のまちがいは、よほど中身が読み取れない場合をのぞき見送ります。そうすると内容が濃くなります。

社会科や理科のテスト問題で、3つの中から選ぶだけの解答用紙を作ったことがあります。全部で20問あり、それぞれ1〜3までの番号の下に小さな正方形が書いてあり、どれかを塗りつぶします。塗りつぶした正方形が20個できます。

あらかじめ正解に合わせて20個の正方形をくり抜いた紙を用意しておき、解答用紙を重ねると黒が正解で白は不正解と分かります。くり抜いた紙は上下と表裏を使えば4種類の解答用紙に対応ができるので、1年間使えます。

71・休校

◆いろいろな休校がありました

2020年3月から新型コロナウイルス感染対策での一斉休校は、約3か月に及びました。2009年に新型インフルエンザによる1週間の休校はありましたが、これほど長期でしかも全国規模という休校は前例がないので、学校現場は手探り状態の中で対応に追われました。

1995年に起きた阪神・淡路大震災では被害の程度によって休校の日数はさまざまでしたが、私が勤務していた小学校は4日間でした。

台風等で気象警報が出されたときも休校ですが、災害が発生したときを除けば1日だけのことが多いですし、何日も前から予報が出ているので準備や心構えができています。

トピックス　学級閉鎖で子どもたちの反応は

今までに私が受け持ったクラスがいちばん多い休校の種類は、インフルエンザによる学級閉鎖です。学級閉鎖は、感染力が強い病気で欠席している児童が2割以上になったとき、校医の判断で決めます。

学級閉鎖が決まると学級担任は大忙しです。そのことを知らせるために保護者向けに、学級閉鎖の期間・手洗いやうがいで予防をすること・健康であっても外出はできるだけ控えること等の注意事項を書いた手紙を作成します。

またその日は給食を食べるとすぐに帰るので、児童が早く帰宅しても大丈夫かを確認するため全員に電話等で連絡をします。そして当然、欠席を知らせる連絡帳がたくさん届いているのでその返事と手紙を入れて、家に届けてくれる人に頼みます。

学級閉鎖が決まると、心が躍っているような表情を見せている子どももいます。逆に、3日間家にいてもつまらないような目の動きをする子どもや、夏休み等が短くならないかを心配する子どももいます。

今までにいちばん気の毒に思った子どもは、学級閉鎖の期間は母親が仕事を休まないといけないらしく「母親に申しわけないな」とさかんに気にしていました。

72・避難所運営

◆優先順位が…

学校は避難所として使われることが多いです。特に公立の学校は災害が起きそうな場合に避難所として自治体から指示がありますが、予測される程度によって、レベル1は管理職のみ招集、レベル2は管理職と居住地が学校に近い職員を招集、レベル3は全職員を招集します。

各学校に避難所運営マニュアルが作られており、体育館に収容できる人数が記載されていて、その数を超えてしまうと各教室を解放します。教室にも収容できる人数と優先順位があり、教室の倍ぐらいの広さがあって机やいすが置いていない部屋があればまずそこから使います。そして次が図書室等の特別教室で、普通教室は、子どもたちが登校をしたときのことを考えて順位は最後になります。

トピックス　お医者さんがいるみたいです

1995年の阪神・淡路大震災では勤務していた小学校も避難所になり、多くの避難者で体育館と全教室どころか廊下も使用しました。大きな災害ですから全職員が避難所の運営にあたりました。

学校がしばらく休校になったこともあって、先生方で手分けして避難者へ救援物資の食料配布やトイレ掃除等を行いました。2～3日が経つと避難者名簿が出来上がり、避難している人で当番のようなことを決めて、先生でしかできないこと以外はやってもらうことになりました。自治会に近いような組織で、役割がはっきりとしていると使命感を持つことができ、安心した共同生活ができます。

地震から1週間すぎ避難者も減ってきましたので、避難所は体育館だけになりました。その頃になりますと避難生活に慣れて、自宅と同じような生活ができるようになった人もいますが、疲れがたまってきた人もいます。

養護教諭（保健の先生）が毎朝、お医者さんの回診のように、体育館を回って、避難者一人一人の体調を確認していました。避難者の人は「体調を気にしていただき、声をかけていただくだけで身体が軽くなります」と満足そうでした。

インタビューコーナー❼

Q. なぜ先生になろうと思ったのですか

●高校１年生の時に担任の先生から「授業中の発表の仕方や、熱心に勉強をしている様子から、先生に向いているよ」と言われて。

（30代男性教諭）

●小学校５年生の時、友だちとトラブルになり、その原因は友だちにありました。友だちは自分をかばいごまかそうとしましたが、担任の先生はそれを見抜きました。先生は友だちを責めることなくうまく話をしてくれたので、私と友だちとの関係も悪くなることがなく、かえって絆ができたので。

（20代女性教諭）

●社会人になってから、ボランティア活動で小学生と奉仕活動をしていた時、子どもたちの柔軟な発想や、６年生が１年生に対して上手に手引きをしている姿にとても感動したので。

（60代男性非常勤講師）

第Ⅱ部
ちょっと専門的な先生の仕事

第8章

出張

73・どこへも行きます

◆市内では

出張に関しては校務分掌のところでも少し述べましたが、担当者会を中心にけっこう多くあります。ほとんどは市内に各小学校から1人ずつ、それに担当校長1人と担当教頭1人が集まって会議をします。

その会議の内容は教科の担当者会でしたら、研究授業をする人を1人決めます。授業者が決まりましたら、そのテーマとねらいをみんなで考えて、指導案の土台を作っていきます。

教科以外でしたら、たとえば防災担当者会の場合、各学校の防災計画の情報交換をして避難訓練の時期ややり方を伝え、参考にできるところは取り入れて、よりすぐれた状態にしていきます。

トピックス　先進校は児童もさすが

出張は市外もあります。その1つは、各担当者会から数年に1度の割で先進校を視察しに行きます。先ほどの市内防災担当者会で、県外の先進校に視察に行ったことがありました。丸1日の出張になり、自校の都合等で全員が参加できるわけではありません。そのときは8人だけでした。

その小学校には活断層と海底のプレートが、縦に割ったような状態で理科室前の広い渡り廊下に置いてありました。すぐ近くで見えるのが何より値打ちですが、誰でも触ることができる位置なので逆に心配に思いました。

作ったのは先生方と6年生で、主な材料は土と粘土と水とのことです。活断層の上には厚紙で作ったその小学校の模型があり、いかにも、いつここで地震がきてもおかしくないような感じです。

そこには他の学年が作った防災カルタや、段ボールトイレ等いろいろな物がありました。児童自身が作ったということで防災への意識が高まり、展示物も大切に扱っていました。

その小学校まで新幹線と在来線の交通手段で約3時間かかりましたが、先生がたの意識が十分に児童に伝わっているのが分かりました。出張が終わると報告書を提出しますが、スムーズに書くことができました。

74・公開研究会

◆先生がたくさん

研究授業を自校だけでなく、他の学校の先生に見学してもらうことで多様な意見交換ができます。研究授業を公開しますので、公開研究会という名前がついています。小規模でしたら市内だけの学校、大規模になりますと全国の学校から先生が来校します。

公立校でも研究をさかんに行っている学校があり、私もそのような小学校に10年いました。3年に1回公開研究会があり、そこは西日本の範囲の規模で毎回500人ぐらい来校されます。

各学年に1クラスぐらいが公開する方法もありますが、その学校は全クラスが授業を公開しました。やり方は全クラスが一斉に公開するのではなく、午前中の1校時から4校時の時間を振り分けていました。

トピックス　一歩前進

私も3回公開授業を行いました。他校からたくさんの先生が見にこられると緊張してどうなることかと思っていましたが、市内から来られた先生を除いて知らない方ばかりです。しかも同時に他のクラスも公開していますから1クラスをずっと見ている方はほとんどいませんので、あまり見学の方は気になりません。

校内だけの研究授業は、みんな知っている先生です。それに1クラスだけなので校内の先生が全員、最初から最後まで見にきます。しかも研究のめあてに沿って授業を進めているか等、細かいところまでしっかりと観察され、授業が終わったあとの研究会では鋭い意見や質問が続きます。

公開研究会は1クラス10分間ぐらい、大学の教授（または准教授）が見にこられます。わずか10分間でもしっかりと観察され、あとの研究会でそれぞれの授業の助言をしていただきます。しかも授業で良かったところを必ず言われてから、改善するところを提案されますから、一歩前進したことを肌で感じます。

75・地区巡視

◆気象警報が出たら

台風等により気象警報が発令されると休校になりますが、発令されてから解除になるまでの時間帯によって学校の対応がいろいろとかわります。

伊丹市では午前7時に気象警報が発令されると、児童は自宅待機になります。そして午前9時までに解除されれば登校します。午前9時でも継続中でしたら休校になります。

児童が学校にいる時間帯に気象警報が発令されることもあります。このときがいちばん忙しくなります。安全を守るための気象警報ですから、少しでも早く帰宅させる必要がありますが、そのときが給食時間の場合は駆け込んで食べるわけにもいきません。家庭や学童保育にも連絡をとり、地区ごとの集合場所は天候によってちがいますのでその確認もします。

トピックス　解除になった後も

気象警報が朝から発令されて、それが1日中継続していたら、当然天候も荒れています。もちろん休校で子どもたちも自宅で静かに過ごしていますから、早く天候の回復を願うぐらいです。

午前9時を過ぎてから解除になっても休校はそのままです。一方で、天候が回復してきていますから当然外に出て遊ぶ子どももいます。ところが荒れた天候のあとは、外はいつもとちがう様子になっていることがあります。

早い時間に解除されると校区の安全を確認するために、先生が手分けをして地区巡視をします。

学校の近くの大きな公園の中の砂場に瓦の破片があり、子どもたちが寄ってきて興味深そうに眺めていました。そしてその中の1人が拾い上げようとしていたので、注意をして瓦を処理したことがあります。

川の近くに行くと、水が激しい勢いで大きな音を立てて流れていて、子どもたちが見とれていました。川の水は大雨の後、しばらくしてから増水をすることがあるので、もっと離れるように注意しました。

76．市内巡視

◆夏休みは安全に

夏休みはいろいろなところで花火大会や夏祭りが行われます。私がいたところでは、そのうち3回、規模が大きい花火大会と夏祭りとお寺の行事が夏休みの期間にあり、1回は全職員がパトロールをします。

どれもたくさんの人出があり、大人でも迷子になりそうです。そしてお祭り等の会場では、いちばんの楽しみと言える100店を超える夜店が並び、人気がある店には長い行列ができています。

小学校の夏休みの生活のきまりとして、こういうところに行くときは必ず保護者同伴になっています。

トピックス　卒業生も指導

小学生同士で来ていることはめったにありませんが、夜店等でたまに子どもだけで来ていると思うことがあります。こういうときは声を掛けますが、たいていは少し離れたところに保護者がいます。

全国的に有名なイベントですから、中学校からもたくさんの先生がパトロールをします。むしろ中学校からのほうがたくさんの先生が来られ、ＰＴＡからも腕章を巻いて何人か組んで参加されています。

中学生は生徒同士で来ていることがあります。中学生も保護者同伴のきまりがあるので、小学校の先生であっても指導します。

時々、小学校のときの卒業生に会うことがあります。決まりを守っていない場合はたとえ卒業生であっても、毅然とした態度で指導をします。最初はけげんな顔をしている様子はあっても、小学校のときの話をするとたいていは素直になります。

高校生や大学生、また社会人になっている卒業生にも会います。赤ちゃん連れにも会い、親に似ていると市内巡視の合間にほっとできます。

77・遠足下見

◆うきうきした気分

遠足の下見は十分に行います。そうしないと子どもたちが迷うことになり、質問が出ても答えられなくなります。

まず目的地までのコースですが、バスで行く場合と鉄道等の公共交通機関で行く場合とはちがいます。バスで行く場合は車通勤している先生に便乗させてもらいます。公共交通機関は実際に乗っていきます。

目的地に着くと入り口で遠足の下見にやってきたことを告げて、中に入れてもらいます。目的地内も、引率の場合はコースを決めます。グループ行動の場合は適しているかを確認します。昼食の場所は十分に確保できるかも確認します。

トピックス　はしゃいでしまいます

下見の場合は、たいていは入場料がいるところも無料で入れます。ほとんどの人がお金を払って入場している中でいわゆる特別扱いですから、仕事で来ているとはいえども内心心がはずみます。

動物園等を仕事で来る職種は限られています。しかも施設の点検などではなく、売り物に接することができるのは旅行業者ぐらいです。それだけに優遇をさせていただけるのですから、すみずみまでしっかりと見ていこうと、気合が入ります。

新任（または新任からまだ年数が経っていない）の先生が先生役で、あとの先生は児童役になって回ることもあります。児童役がわざと難しい質問をして先生役を困らせることもあり、それを他の児童役がカバーをするという実際に近い光景もあります。

お弁当を食べる場所が決まったら、実際にそこで食べてみることがあります。ほとんどの先生はお弁当屋さんで買ってきた物ですが、たまに手作りされている先生もいます。そんなときは視線が集中し「うわあ、その玉子焼きおいしそう」など、子ども以上にはしゃいでいます。

78．社会見学下見

◆挨拶に行きます

社会見学に行くところは、各学年で学習する内容が決まっているため、毎年そんなにかわることはありません。そのため前年度の担任からしっかりと引き継ぎができていれば、時間帯やコース等はこれまで通りです。

見学をさせてもらうところは、ほとんどが民間企業です。子どもたちのために配慮していただくのですから、毎年きちんとそこへ行き挨拶をして依頼します。社会見学のシーズンでは他の学校がすでに押さえていることもありますから、前もってちがう日も設定しておきます。

大手企業等は見学のための通路があり、また専属の社員さんが案内をしてくれるところもあり、依頼がしやすいです。

トピックス　団体乗車券がない

社会見学の日に鉄道を利用する場合、下見の日に団体乗車券を申し込みます。学校団体は、かなり割安で利用することができます。鉄道会社によって申し込みができるところは大きな駅等で、どこの駅でも申し込みができるわけではありません。

中学年の社会見学の下見に大手の企業に行ったとき、前年度の先生がうまく話をしてくれていたので見学担当の方と、とてもスムーズに話が進んで、こちらの希望をしていた日時がすんなりと取れました。

そのため社会見学下見の時間も短くてすみ、学校には予定よりもかなり早く戻ることができました。

社会見学の日になって、子どもたちも期待に胸を膨らませています。天候にも恵まれ予定通りに学校を出発しました。私が担当だったので先頭を歩き、5分ぐらいで駅に着き改札口に入ろうとしました。ところが団体乗車券がありません。そのときに初めて下見の時に申し込むのを忘れていたのに気がつきました。

大失敗ではすまされない事態だったのですが、改札係の人が本社に連絡をしてくださり、後日精算をしたらいいと取り計らっていただき、事なきを得ました。本当に助かりました。

79. 民間企業研修

◆民間のきびしさを

これからの教育は、社会の変化に的確かつ迅速に対応することが重要になってきます。そのため、先生の資質や能力の向上、さらには社会情勢の変化に柔軟に対応できる力量を備えた先生を育てる必要があります。

そのために、民間企業で経営体制・企業理念・地域社会との共生を重視した社会貢献の姿勢等、企業の諸活動を実際に体験して、その成果を教育活動に生かしていくことが目的です。

ものづくりが中心の企業では安全・環境対策が充実しており、その中で技術開発を進めています。

接客が中心の企業では顧客のニーズに応じた販売の努力や工夫点、接客の基本的な言葉遣いや動作を学びます。

トピックス　昼食時はいちばんの研修

私は8月の3日間、神戸市にある大手のゴム製造会社で企業研修を受けました。工場見学が主で、最初の日は神戸の本社で、2日目は泉大津の工場で、そして3日目は加古川の工場と神戸の本社での研修でした。

メーカーですから、常に先回りをしないと他社との競争が激しく、また顧客の好みがどんどん変わっていく状況なので、今作っている物が明日は売れなくなることを常に念頭に置いて商品開発を進めています。

学校においても時代の流れを常に把握して、子どもの様子や地域等を加味しながら現状に合った教材作りをしていく必要があると思いました。そして、学校以外のところにも目を向けていくことが大切であることが分かりました。

担当の方は研修時間だけでなく昼食時も社員食堂で一緒に過ごしていただき、それによって研修室にいるときとはちがった質問をすることができました。

「お昼の時間はどの部署からも社員食堂にやってくるので、さまざまな表情が見られます。しかもリラックスしているのでこのときがいちばん素顔なのです」と話されました。やはり学校の給食時間でもそうですが、どこでも食事の時間はみんなくつろげるようです。

80・飼育当番

◆ふだんは入れないところに

小動物を飼っている学校は多いです。飼育委員会等があって、ほとんどは高学年の子どもたちが交代で世話をします。ふだんは入れない小屋に入り、エサをあげて小屋の掃除をします。低学年の子どもたちが見ていると、得意になってやります。

うさぎは特に人気が高いです。あのふわふわとした毛の感触がよく、しぐさがかわいいからです。そして毎日世話をしていると走る様子や表情から、体調も分かるようになります。

しかし、生き物ですから死ぬところを見ることもあります。そのときは、生命の大切さを直接学ぶことになります。

トピックス　初仕事です

１月１日の朝、つまり元旦は、初日の出を見に行く人、初詣に行く人、福袋を買いに行く人等で溢れます。

しかし、学校に行く人はまずいません。うさぎやにわとりにとっては、人間が正月であっても関係ありません。いつものエサを待っています。

年末年始はさすがに子どもたちではなく、先生方で当番を決めてエサをやっています。来ることができる方を募るやり方ですが、私はよく１月１日を希望します。

正月に当番をやったからと手当はまったく出ません。それでも初仕事と言ってもいいので、とても気持ちがいいからです。

誰もいない学校は、いつも子どもたちがいるにぎやかさから対照的に静かなので、入るのは少し怖いぐらいです。それでも動物は私が小屋に寄っていくと、駆け寄って近づいてきます。私の勝手な思い込みですが、正月だからいつもよりも歓迎されているような気にもなります。小屋の中の掃除も念入りにしようと力が入ります。

飼育当番の仕事が終わると校舎内に入って、担任をしているクラスの黒板に新年の挨拶を書いて帰ります。まさに新年早々の年賀状です。

インタビューコーナー❽

小学3年生女子児童

休み時間は、担任の先生もいつも一緒に遊んでくれます。運動場で遊んでいる時はいつも少し遅れて先生が来ます。だからオニごっこをやるときはみんなで「先生、遅れてきたのだからオニになって」と言いますが、先生は「オニになってもいいんだけど、今オニになっている人が誰にもタッチしないで逃げる方にまわるのは、かえってあまりいい気持ちがしないかも知れないよ。だから今オニになっている人と先生がじゃんけんをして、負けた方がオニになろう」と言ってじゃんけんをしますが、先生が勝つとすぐにオニから離れて逃げ出そうとします。そのときにすごくあわてて、ずっこけてしまいあえなくオニにタッチされます。

オニになった先生は、いつもはやさしい表情でニコニコとしているのに、このときは顔もオニになってものすごい速さでみんなを追いかけてきます。この変身はとてもすさまじいです。みんなはオニごっこ遊びではなく、本物のオニが来たみたいにキャッキャッと言いながら必死で逃げ回ります。みんなは方向転換がうまくて、さっとかわしてしまい、なかなかつかまりません。やっとの思いでタッチすると「やったー！」と言ってオニの顔が飛んでいきました。

第Ⅱ部
ちょっと専門的な先生の仕事

第9章

地域・PTA・指導

81・社会教育

◆試合・演奏会に向けて

社会教育が小学校でも行われているところがあります。スポーツや音楽活動が多く、私が今まで勤務していた小学校では、スポーツが野球とサッカー、音楽活動は吹奏楽です。野球は小学校のグランドを使用して指導者は一般の人ですが、サッカーと吹奏楽はその小学校の先生が指導されていました。

活動は放課後に1～2時間で、休日はほぼ1日です。指導者は奉仕をしているだけですので、学校の先生であっても報酬は0です。

過去の経験を生かして指導者になっている人が多く、自分が指導したチームが試合やコンクールで優秀な成績をとることが最大の報酬になり、それを目標に日々の指導をされています。

トピックス　先生バンドもがんばっています

吹奏楽部がある小学校に勤務したとき、指導をされている音楽専科の先生から「1年に1回、吹奏楽部がある市内の小学校が集まって演奏会を開きます。そのときに楽屋から舞台へ楽器やいすや譜面台を運ぶ人が足りないので手伝っていただけませんか」と話しかけられました。

さらに「丸1日運ぶためだけに来てもらうのはやりがいがないので、先生も演奏するコーナーがあるんです。もちろん模範演奏でもなく、メインは楽器運びでこちらは余興のようなものです。ですから気軽に参加してください」と付け加えられました。

私はフルートの経験が少しあったので、演奏も引き受けました。演奏会当日は小学校8校が参加して児童たちの演奏が始まり、どの学校も練習の成果が表れていて感動をする場面もありました。

4校の演奏が終わって、いよいよ先生バンドの番です。先生同士が集まっての練習はわずか3回だけです。1回も来られなかった先生もいます。それでも本番はどの先生も息がぴったりと合って堂々と演奏をやり切り、子どもたちや保護者から大きな拍手をいただきました。

82・社会教育2

◆サッカー

スポーツではサッカーで社会教育を経験したことがあります。私が教育実習をさせてもらった小学校で、大学でサッカー部に入っていた経験がある男の先生が、放課後に30人ぐらいの児童を対象に熱心に指導をされていました。

4週間の教育実習の期間、私も毎日サッカーをやらせてもらいました。ただ私はその経験がまったくありませんので、高学年で複数の児童は私よりはるかに上手なパスやシュートを決めていました。私はそれらの児童の動きを見習って、みんなと一緒に練習をして身体で覚えていきました。

教育実習が終わるころには私の動きも形にはなってきたようで、指導の先生からもほめていただき、うれしかったのを覚えています。

トピックス　学校に来れる

私は教育実習が終わると、指導していただいたクラスの雰囲気がとてもよかったからでしょうか、急にさみしい気持ちになりました。

終了して3日後に実習日誌を提出するために小学校を訪れたとき、サッカー部の先生から「放課後のサッカーを引き続きやってみないか。これは社会教育なので、本人さえ希望すればできるよ」とお誘いの言葉をかけられました。

私はサッカーにも魅力を感じてきたのと、放課後だけでも小学校に来て児童と過ごすことができるので即、ハイの返事をしました。それからは私も、コーチとして格付けしてもらいました。

活躍をしている児童をよく見て、実践に向いているかどうかを判断して、次の交流試合に向かってレギュラーメンバーを決める意見も言うことができるようになりました。

数か月が経って教育実習とその他の単位が規定に達したので、教員免許状をいただくことができました。それを持って実習校の小学校にお礼を言いに行くと校長先生から「よくがんばったね。サッカーも熱心だし。さっそくだが、産休等で休んだ先生の代わりをやってくれないか」と言われ、それがもとで今日に至っています。

83・初任者指導

◆初めて小学校へ

教育大学等を卒業して4月から小学校に配属された新任の先生は、ほとんどが学級担任を任せられます。授業等学校現場での経験は教育実習ぐらいで、それも1年以上前のことです。

4月7日ぐらいには始業式があり、子どもたちが学校に来ます。新任の先生も、30年以上経験がある先生も同じ学級担任です。「うまく教えることはできないけれど、新任だから許してね」では通用しません。

しかし、経験豊富な先生は、以前活用した学習資料や授業の方法を今回も使おうとすることがよくありますが、ややもすると今の時代に沿わないこともあり、新任の先生に教えられることもあります。

トピックス　初々しいし、ガッツもあります

新任の先生を指導するために新任指導の先生がいます。主に新任の先生の授業を見て事後に改善点を指導し、新任指導の先生が師範授業を見せることもあります。また、休み時間・給食時間・掃除時間等の指導もします。その他、学校行事や校務分掌のやり方も指導します。

私も何回か新任指導をやりましたが、新任の先生は経験が少ない分はガッツで十分にカバーしています。積雪があった日の休み時間に運動場で思いっきり雪合戦を楽しんでいた新任のある先生は、子どもたち一人一人の様子を見ながらも手加減をしているのを感じさせないようにして全力投球、ただのガッツだけではありませんでした。

休み時間だけでなく授業でも子どもたちの年齢に近いことで、話が分かりやすく自然に伝わることがあります。

社会科の地域の学習で、昆陽池の造営に貢献した「行基」の人物像を見た児童が、「最近デビューした歌手に似ているなあ」と発言して、すかさず新任の先生はその歌手の名前を言い当てました。

84・教育実習生指導

◆先生の仕事はこんなのです

教員免許状をもらうためには、教育実習の単位を習得します。実習校は国立大学の附属小学校があるところはそこで行われることが多いですが、そうでない場合は、出身校に実習希望者が直接交渉してやらせてもらいます。

実習期間は他の教員免許を持っているか等でちがいがありますが、2～4週間です。主な内容は授業参観が一番多く、指導教諭のほか音楽や図工の専科や、他の学年の授業参観もできます。校長からの講話や各担当の先生から教育活動についての説明を受け、公務を行うこともあります。

そして実習生が授業をさせてもらい、最終週ぐらいには研究授業をします。校内の先生のほかに、他の実習生や所属の大学から学校に来て見学されることもあります。

トピックス　初めて先生と呼ばれて最高の気分に

教育実習で初めて「先生」と呼ばれたときはすごく感動したことを覚えています。子どもたちももちろん、まだ大学生であることは分かっています。

ですから私が授業をしたあとに「先生の算数の授業は分かりやすかったわ。だから先生になれるよ」と言って、子ども独特の表現をしてほめてくれました。そのときに、これはもう絶対に学校の先生になってやるぞという気持ちになりました。

子どもたちからうれしいことを言われたのもそうですが、指導教諭からも温かい言葉かけ等があったからです。そして、私つまり実習生から常に学ぼうとしていたからです。

私の授業内容は指導教諭とは比較になりませんが、その中で1つでも良い点を見つけてくれて「さっきの発問は私も考えていなかったので、今度やってみます」と言っていただけました。

今度は私が指導教諭として実習生を受け持ったのは、新任から10年あまり経ってからです。私が実習生だったころを思い出して、実習生からたくさん学びました。

あの実習生が大学卒業後すぐに小学校の先生になったと聞いて、とてもうれしい気持ちになりました。

85. トライやるウィーク

◆大人の気分に

兵庫県が県内の中学2年生に1週間、職場等の体験活動を行います。これは1995年に起きた阪神・淡路大震災とその2年後に須磨で起きた少年による殺人事件がきっかけで、心の教育を充実していこうとする取り組みです。

様々な活動を通し働くことの意義や楽しさが実感でき、自分の生き方を見つける事を支援します。また学校・家庭・地域社会の連携を深め、社会全体で子どもたちの人間形成のための支援を行っています。

トライやるウィークを受け入れていただく主なところは、販売等を行う商業施設・鉄道やバス等の交通機関・役所や消防署等の官公庁・新聞社や放送局等ですが、さらに農家や将棋教室等の自営業・幼稚園や保育園等の学校関係もです。

トピックス　小学校でも新鮮さが

小学校も受け入れています。2年前までは（厳密には1年半ぐらい前）そこで過ごしていたところです。中学校の校区内で受け入れている小学校なので、中学生になってから転校してきた生徒を除いてほとんどが出身校です。

初めて目にするような新しい感じもないようなところですが、小学校を希望する生徒はわりと多くいます。妹や弟が在学しているからという理由の生徒もいますが、将来は先生の仕事をしたいと意気込んでいる生徒も多いです。

私が1年生の担任をしていたとき、校区の中学校からトライやるウィークで6人の生徒が来ました。1・2年生とも3クラスだったので、それぞれ1人ずつが入って低学年の児童たちと一緒に過ごします。

私のクラスに入った女子生徒はかなり積極的で、児童が廊下に並んで体育館に移動をするとき「前の方、まっすぐに並んできれい。後ろの方、少し曲がって残念」「あっ、後ろもきれいになって一直線だ」と自ら言ってくれました。

最後の日には15分ぐらいですが、漢字の授業をしてもらいました。とても上手で、本物の先生がやっているみたいでした。

86・PTA委員選出

◆最初の学級懇談会のあとで

ＰＴＡと聞くと保護者だけの会というイメージがあるかも知れませんが、文字通りでＰはParents（保護者）、ＴはTeacher（先生）、ＡはAssociation（組織）の頭文字で、お互いが協力して子どもたちに健やかな成長を促します。

ＰＴＡの組織は主に会長・副会長のほかに役員として１人ずつが、会計・広報・企画・学級・ベルマーク等に分かれて執行部となります。そして各クラスの数人が委員としてそれぞれ配属されます。

その数人の委員を決めるのは、１学期最初の学級懇談会のあとに行われることが多いです。

トピックス　子どもがうれしそう

PTAの委員はすんなりとは決まりません。委員活動のために自分の時間を取られてしまうのではないかとか、人間関係が面倒ではないかと思っている人が多いからです。

以前勤めていた学校は、1歳未満の子どもがいる人と夜勤を伴う仕事をしている人は委員免除の規約を決めていました。しかしどこまで免除にするか、線引きが難しいところがあります。1歳と2歳の子どもがいる人は、もう少しで1歳になる子どもが1人いる人よりもたいへんだし、コンビニ等で夜遅くまではどこまでが夜勤に当たるかです。

免除の規程があるところは最近見かけなくなりました。どうしても免除してもらいたい人は前もって配られる用紙に理由を書いておくとか、委員を決めるときにみんなの前で「介護が必要な人がいるので・・・」等、事情を説明してもらうところが多いです。

委員を敬遠する人は多いですが、委員になって活動をし始めると、視野が広まった等で結構楽しそうな人が多いです。参観日ではなく、普段は目にすることのできない学校の素顔を見ることができます。たまに自分の子どもと出会うことがあり、特に低学年の児童は親が学校に来ているとうれしそうな表情です。また、先生と話す機会も増えます。

87. PTA委員との打ち合わせ

◆いろいろと行事があります

ＰＴＡ役員選考で委員さんが決まりましたら、その日は「今後ともよろしくお願いいたします」と挨拶を交わす程度で、後日学級担任と1年間の行事を中心とした打ち合わせをする小学校が多いです。

1年に2回（1学期と2学期に1回ずつ）親子活動があり、学年単位で1時間ほど軽スポーツや調理等をします。低学年は校区探検があり、学校を出て班ごとに行動をする場合に危険個所を中心とした場所に児童を見守っていただける保護者を募ります。学級懇談会の司会を委員さんにお願いすると、みなさんからの意見が出やすいです。

以上のような内容説明をします。親子活動の日時を決めて、詳しい内容はあらためて数日前になったら打ち合わせをします。

トピックス　自己紹介でリラックス

ＰＴＡ委員になったからと言って、必ずしもどの活動にも参加しなくてはいけないことはありません。必ず参加しないといけない雰囲気になりますと、ますます委員さんのなり手がなくなります。打ち合わせも仕事等用事があれば、無理に都合をつけて参加する必要はありません。あとで打ち合わせした内容を伝えます。

打ち合わせは学年単位で行います。１学年３クラスであれば、委員さんが１クラス２人で計６人、学級担任が３人で特別支援学級の児童がいるクラスはさらに学級担任が１人増えますから、全部で10人ぐらいです。

打ち合わせ直前までほとんどの委員さんは緊張していた様子でしたが、話がしやすい人数だったこともあってか、自己紹介が終わるとかなりリラックスされます。委員さんの中からさらに代表を１人選びますが、和やかなに決まることが多いです。

親子活動も兄姉がその学年の時に参加したことを思い出して、案を出してくれる人もいて、中には学級懇談会の司会も引き受けてくれて「話し合う前にみんなで歌を歌いますね」と積極的です。

88・学級懇談会

◆授業参観のあとで

学級懇談会は1年に3〜4回行われることが多いです。少しでも多く出席してもらうため、ほとんどが授業参観のあとの時間に行われます。1回で参観・懇談が両方できる考えですが、授業参観が終わると子どもと一緒に帰る保護者もけっこういました。そのため低学年を中心に学級懇談会が行われている時間に図書室を開放して、安全な居場所を確保する方法もとられました。

年度初めの学級懇談会では学校教育目標や学年・学級教育目標、そして学級経営の方針を示します。そして各教科の学習内容・行事予定・これまでの学級での学習面や生活面の実態を話します。

そのあとに保護者一人一人に自己紹介をしてもらい、そのときに子どものことでみんなに知ってもらいたいことがあれば話してもらいます。

第Ⅰ部 第Ⅱ部

トピックス　保護者の表情も見なければ

私が新任のときに学級懇談会で失敗をしたことがあります。年度初めの第１回目はわりとうまくいったような感じでした。ところが１学期後半にあった２回目では、ある保護者から「宿題が少ないと思いますので、もう少し増やしていただけたらと思います」と言う意見が出ました。するとすぐに他の保護者からも同じような意見が次から次から出て、１００パーセントが同じ考えのような雰囲気でした。

そこで次の日から２〜３割程度宿題を増やしたところ、子どもからはあまりいい反応はありませんでした。子どもは正直です。そして数日経ってある保護者から「学級懇談会では言えなかったんですけど、うちの子は今までの量をこなすのがやっとだったんです。ですから増やされたのはかなりきつく寝る時間にも影響が出ています」と言ってこられました。さらに別の複数の保護者からも同じようなことを言ってこられました。

私は、学級懇談会での大きな波に流されてしまったと反省しました。そのときのことを思い出してみると、意見を出した人とはちがう考えだというようなことが顔に書いてありました。

89・家庭訪問

◆安全確認

新学期は忙しいです。クラスの児童の名前を覚えるだけでも苦労します。そんな中で4月下旬頃からは家庭訪問も始まる学校が多いです。

家庭訪問の一番の目的は、通学路の安全を確認するためです。学期末の個人懇談会とはちがって、児童の生活や学習の様子はまだまだ把握しきれていません。

それでも我が子の学校の様子が知りたいのは、親としては正直な気持ちです。その中で友だちができたか、人間関係を気にしている保護者が多いです。

子どもは慣れるのも早いです。学校が始まって2～3週間が経つと新しいクラスにもかなり馴染んでいます。それだけを事前にチェックしておくと話しやすいです。

トピックス　公衆トイレはどこ？

郵便等配達をする人は、地図を見て効率の良いルートを決めます。家庭訪問もそれにならいます。校区の詳細な地図に訪問する家を○します。そして学校を出発してどのようなルートだと最短で回れるか道路を見ながら決めていき、距離を計算して各家庭の訪問する時刻を通知します。

なかなか難しい作業ですが、これもプログラミングの一つだと言えます。初めて家庭訪問をやったときは、配達の方の苦労がよく分かりました。実際に訪問していくと話が長くなってしまって、次の家庭に行くのが遅れてしまうことが多くあり、そこでも話が長くなってしまい最終の家庭訪問が大幅に遅れることもありました。

うまく時間通りに回れることもあります。そんなときは配達のプロになった気分です。

公園などにある公衆トイレの場所も把握しておきます。「お茶は出さないでください」と通知してはいますが出されることもあり、せっかく入れてもらったのですから一口は飲むようにしています。それが何軒か続くと「トイレをお借りできますか」になってしまうからです。

90・学童保育指導員との打ち合わせ

◆家のかわりです

小学校の授業が終わって帰宅しても保護者が仕事等でいない児童を預かり、宿題等の学習や遊びができる環境が整備され健全な育成を図る機関があり、「放課後児童クラブ」等のさまざまな名称があります。

開所期間は多くが月曜日から土曜日までで、土曜日は児童が休みのため朝から開いており、夏休み等の長期休暇もお盆の期間以外はこれに準じています。

各小学校の空き教室を使って開設しているところが多いですが、保育所や廃業したお店の跡等、さまざまです。

新年度には学童保育に通う児童の小学校のクラス担任と学童保育の指導員とで、児童の居住場所や授業終了の時間帯等の打ち合わせをするところもあります。

トピックス　いい匂いが

私がクラス担任をしていたところは、どの小学校も校内に学童保育を開所していました。そのため指導員さんと連絡がしやすく、学童保育に行く児童の体調が急に悪くなって放課後も保健室で休養しているようなときでも直接話すことができました。

ある日の放課後、1階の職員室にポップコーンのいい匂いがしてきたことがありました。4年生の先生が「5・6年の先生が家庭科室で調理実習の準備でもしているのかなあ」と言いながら、私と3階の家庭科室へ行ってみましたがだれもいません。

もう一度1階に戻って匂いが強いところを探してみると、同じ階にある学童保育の部屋であることが分かりました。

しばらくすると、「いただきます」のうれしそうな声が聞こえました。学童保育では毎日おやつが出て、子どもたちはそれを楽しみにしています。保護者は保育料のほかに、おやつ代も支払っています。

いつもは市販されているお菓子やくだものですが、この日は学校の都合で早く授業が終わったのでみんなでポップコーンを作ったということです。

職員室には匂いだけでしたが、どの先生もいつもよりうっとりとした気分になっているようでした。

91・保護者もカウンセリング

◆学校に馴染めた？

保護者は子育てのことで、いろいろな悩みを抱えています。特に1人目の子どもは初めて経験をすることが多いですから、日に日に成長する姿に喜びもひとしおですが、他の子どもと比べて遅れているのではないかと不安もあります。

小学校生活についても、新しい友だちができたか、いじめにあっていないか、そして給食のことでも、好き嫌いをしていないか、食べるのに時間がかかりすぎていないか等の心配をしている保護者が多いです。

登下校のときも、自動車や不審者等から安全が守られているか、登校グループと仲良く通学しているかも気になる保護者が多いです。

トピックス　相談があればすぐに対応します

1年生のクラス担任をしていると入学式から1週間目ぐらいに、保護者から電話等でよくこんな相談があります。

「幼稚園で仲良しだった友だち数人がみんな別のクラスになったので、以前よりも元気がありません。不登校にでもなったらどうしようかと、心配しています」

こういうときは、「子どもにとって小学校入学は、おそらく初めて大きく環境がかわりましたので、ほぼ全員がカルチャーショックを受けています。ですが子どもは柔軟なので、新しい環境に慣れるのも早いです」

「それでも個人差がありますので気長に見守っているのがいちばんいい方法です。1か月もすると、新しくできた友だちの家に遊びに行ってなかなか帰ってこないんですと、別の心配にかわることも多いです」

このようなことを電話では簡単にお話しておきます。

朝に相談の連絡があったら、その日は特にその児童の様子を見ておきます。そして放課後すぐにその児童の家に行って、友だちと仲良く遊んでいたことや授業でがんばっていたことを話します。クラス担任がすぐに対応してくれたことで、保護者は安心して、クラス担任との信頼度も増します。

92. 個人懇談

◆成長したところは

学期の終わり頃には学級担任と保護者で個人懇談（面談）が行われるところが多いです。主に学習面・生活面・健康面で際立っていること等を学級担任から伝え、そのあとに保護者からの要望等を聞きます。

個人懇談は3～4日の設定があり、午後3時頃から始めて1人15分ぐらいですから、勤務時間終了の午後5時まで8人しかできません。クラスの人数が40人以上だと午後6時を回ることもあります。

仕事をされている保護者も増えましたので、来校できる（またはできない）日と時間帯をあらかじめ用紙を配って調査し、それに兄弟姉妹関係がある学級担任と連絡をして同じ日の前後になるように日時を決めます。

トピックス　改善点はそのつど連絡

個人懇談はその学期の総括でもあるので、最初に１つでいいですから学習面で成長したところを話します。１つも見つからない子どもはいません。はっきり分かるほど目立っている必要はありません。

周囲と比べるのではなく、その子なりに成長しているところがあるはずで、それを見つけるのです。また読んだり書いたりするのは苦手でも、運動をするのは得意な子どももいます。運動面での成長でもいいのです。

子どもによっては、成長したところがたくさん見つかるかも知れません。いくつか話してもいいですが、その中でもいちばん成長しているところを具体的に話すと安心感を持たれます。

気になるところや改善してほしいところは個人懇談ではなく、そのつど連絡するようにします。

「すぐに連絡していただいたので、家庭でもいい方向に導くことができました」等、学級担任との信頼関係にもつながります。保護者からピアノや体操等の習い事をやっているので、そのことを知っておいてほしいと言われたときは前向きにとらえて、音楽での伴奏や体育での見本等、みんなの役に立てられるような話をします。

93・見守り隊の方にお礼

◆どこにどれだけ配置

登校指導のところで少し触れましたが、子どもたちの安全のために登校時と下校時に旗を持って見守りをしていただいています。子どもたちが道路を横断しようとしているときに自動車や自転車が接近してきたら、どちらを止めるかを瞬時に判断して安全を守ります。地味なようですが大切な役割です。

見守り隊の隊長に当たる世話係の方に話を聞いてみると、隊員の配置が難しいそうです。校区の中には交通量が多くて危険な箇所があったり、道がせまい割には児童がたくさん通ったりするので、そこには人数を多く割り当てる必要があります。

学校で決めている曜日ごとの各学年の下校時刻、隊員一人一人の居住地やスケジュールを調整して、それぞれがどこに配置するかを決めるそうです。

トピックス　元気よく挨拶

雨の日も雪の日も風の日も毎日やってくれています。むしろ天候が良くない日のほうが見通しは悪く、道路も滑りやすいので安全面での見守り隊の役割は大きいです。それも無償です。

それでも見守り隊の活動をほとんどの隊員は楽しみにしています。それは子どもたちが誘導の指示にしたがってきちんと道路を歩いてくれて、元気よく挨拶をしてくれるからです。「おはようございます。いつもありがとうございます」と付け足してくれる子どももいます。

いつも恥ずかしそうにしていて言葉では表せない子どもも、慣れてくるとうれしそうな表情をしてくれて、心の中で挨拶をしていることが分かることがあり、1日がさわやかな気分になれるそうです。

自治体等から表彰されることもあり、あらためて見守り隊のやっていることを自覚でき隊員の輪も広がります。そして1年に1回は学校に招待してくれて、全校児童からお礼を言ってくれるといっそうやりがいを感じるそうです。

インタビューコーナー❾

小学6年生男子の保護者

息子が3年生の時、私はPTAの学年代表になりました。初めての役員だったので不安な気持ちがあったのですが、最初の顔合わせで各担任の先生が声をそろえて「タッグを組もう」と発言してくれました。

私はそれまでPTA活動は保護者だけの組織であって、先生は必要であれば手伝いをするぐらいのことだと思っていましたが、同じ立場であることが知ることができてとても安心しました。

さっそく来月には学年の行事『親子活動』があります。先生との話し合いで、私のクラス担任が『親子ミニ音楽会』を提案してくれました。

子どもが3年生から学習しているリコーダーの伴奏で、親が歌を歌うぐらいかと思っていましたら、親も全員が楽器の演奏をするという内容です。カスタネットやすずやタンブリンが中心ですが、それではとても足りませんので、子どもたちが生活科でペットボトルに小石を入れて作ったマラカスやフライパンも用意してくれました。

親子活動は1時間ありますが、最初の50分間が練習で、そのときに子どもたちが先生で大人が生徒です。親も子も一生懸命で、このときにいつもとちがった子どもの姿を見た人が大勢いました。本番ではその甲斐があって、親子それに先生たち全員で『パフ』の演奏をやり切りました。みんな大満足です。

第Ⅱ部
ちょっと専門的な先生の仕事

第10章
式関係

94・着任式・始業式

◆新学年最初の日です

学期の最初の日には始業式があります。2学期制では年に2回、3学期制では3回で、式は全校児童が集まって体育館で行われることが多く、校長先生のお話があります。主に、新年度はクラス替えがあり、クラス担任もほとんどのクラスでかわりますから、早く慣れるようにという内容です。

2学期または3学期の始業式は長期休業のあとですから、そのことを振り返る内容が多いです。

新学期の始業式の前には着任式があり、転任してきた先生と新任の先生の紹介が校長先生から、そのあとに一人一人挨拶があります。

トピックス　リコーダー演奏も

着任式・始業式のあとに担任発表があり、それが終わるとそれぞれ教室に行きます。自分が座るイスとランドセル等を入れる棚、その他、靴箱やかさ立ての場所にも行って確認します。

クラス担任はその日までに名前や出席番号を書いて、子どもたちが見て分かるようにしておきます。そうしておかないと自分の物をどこに置くかが分からずに、手に持ったままの状態が続いて大幅に時間がかかったり、ちがうクラスのところに入れたりして混乱する原因にもなります。

スムーズにいくと子どもも緊張がとけ、落ち着きます。そしてクラス担任のお話や自己紹介に進んでいきます。

着任式で、一人一人の先生の個性豊かな挨拶を聞くことがあります。わざとマイクを使わずに体育館の後ろまで声を響かせた女の先生や、挨拶が終わるとリコーダーの演奏をした男の先生もいました。

ところがリコーダー演奏の最後のところで、音を間違えてしまいました。それがかえって会場の緊張した雰囲気がやわらぎ、いいムードになって次の先生の挨拶がしやすくなりました。

95・入学式

◆小学校最初の日です

学校に入学を許可しそのお祝いをする式で、体育館で行われるところが多いです。保護者や職員や在校生代表の6年生が迎える中で、新1年生が入場してきます。堂々と歩いている子、ちょっぴり恥ずかしそうしている子、笑顔をふりまいている子、中には目を真っ赤にして泣いている子もいます。

着席して式が始まって校長先生による式辞があり、お話の中で「おめでとうございます」と言われると、学校では練習をしたわけではありませんが「ありがとうございます」という言葉が返ってきます。純粋な気持ちが伝わってきます。

そのあと来賓やPTAの挨拶があります。そして在校生代表の歓迎の言葉がありますが、話し方も内容も身近に感じているのか、いちばんよく聞いています。

トピックス 日の当たらない桜も

式の最後の方に担任発表があり、学校によっては校長先生から「1年生のみなさんにお願いがあります。これから、○組は○○先生ですと言いますから、そのあとに○組のみなさんは、○○先生と大きな声で言ってください」という呼びかけがあります。

そしてその通りに1年生が言うと「ハーイ」と言いながら、クラス担任がそのクラスの前に立ちますと、会場がいっそうなごやかな空気に包まれます。

式が終わって各教室に行き、クラス担任がゆっくりと児童の顔を見ながら名前を呼びあげていきます。そして明日からの予定を簡単に説明したあと、保護者にもお祝いの言葉を述べて、明日からの予定や持ち物を伝えます。

クラス担任は最後に児童が座っている横に行って、一人一人の目を見ながら、自分の名前を言ったあとに「よろしくお願いします」と言うと、にっこりしてくれます。

集合写真のあとは解散ですが、個人的に校庭で記念写真を撮る人も多いです。入学式は4月8日頃なので桜の花が咲いています。しかし、花はほとんど散ってしまった年もありますが、日がほとんど当たらない桜の木があり、そこだけはほぼ満開になっていたので交代で撮影されていました。

96・1年生を迎える会

◆大きな花のアーチをくぐって

伊丹市では入学式も会場に全校生が入りきらないので、出席する6年生も含めて入学式とは別の日か、同じ日の入学式が終了してから2～5年生が登校して、1年生迎える会を開きます。

クラス担任の先生に先導されて1年生が花のアーチをくぐって入場すると、みんなは温かい拍手で祝います。花のアーチは6年生を送る会で使ったものですが、1年生が通ると大きく見えます。

学年ごとに交代で、お祝いの言葉を全員で言ったあとに校歌を披露します。そのあとに1年生からお礼の言葉と「1年生になったら」の歌を「1年生になったよ」に少し替えて歌って、またアーチをくぐって退場します。

トピックス　小学校の1日を6分で

1年生を迎える会でも、出し物をするところがあります。ほとんどの学年は習った楽器の演奏で、鍵盤ハーモニカやリコーダーのほかに、高学年になるとアコーディオンや木琴や鉄琴も使います。

4年生の出し物で、去年（3年生のとき）の運動会で演技をした表現を披露したことがありました。色鮮やかなカラー軍手をはめてのダンスですから、手が大きく動くたびに色もダイナミックな動きをします。見ていた1年生は「うわあ、きれい」と満足そうな表情でした。

6年生の出し物で「小学校の1日」という寸劇を披露したことがありました。①朝の会　②授業中　③業間休み　④給食　⑤掃除　⑥終わりの会の6部構成で、1部は交代時間も入れてわずか1分で行います。道具は、机・いす・教科書・給食エプロン・給食の食器・ほうき・ちりとり・ぞうきんをそれぞれ1～2個、教室から運びます。

劇をする児童は大きな動作で表情もはっきりとして、授業中の場面は本の持ち方もよく、掃除はほうきやぞうきんの動かし方がよく分かり、それぞれの場面で見本になるような演技をしていました。道具係も出し入れがてきぱきとして、連携がうまくとれていました。

97・離任式

◆久しぶりの前任校です

学校の先生の移動は4月1日ですから、児童が春休みの間です。ですから4月7日頃に行う始業式では、3月までお世話になった転出された先生は転任された学校にいますから、その先生の顔を見ることはできません。

そのため始業式から1週間ぐらいしてから離任式を行い、転出された先生が久しぶりに前任校に戻って挨拶をされます。

式は体育館で行われ、一人ずつ挨拶をされます。主に昨年度までの出来事で、心に強く残ったお話です。今まで勤めていた学校、それになつかしい児童の顔を見て話をしているうちに、目頭が熱くなる先生もいます。

トピックス　もみくちゃです

　離任式では、ほとんどの先生が転任された学校の話をされます。新しい学校でもがんばっていることをみんなに知ってもらって、安心してほしいというわけです。主に話をされるのは、前任校からどれだけ離れているか、何年生を受け持って何人ぐらいの児童がいるかです。

　離任式には事務関係の先生や、週に数回程度勤務した非常勤の先生も出席します。非常勤の先生の中には、そのときにまだ次の学校が決まっていない先生もいます。

　その先生の挨拶で「私はまだ次の学校が決まっていないんです。実は昨年度も離任式のときには決まっていなかったんですが、それからしばらくしてこの学校に行くように言われました。そしてみなさんと出会うことができました。ですから、今年度も同じようにならないかなあと思っています」と言われ、みんなから「またこの学校に来てください」と期待の声が上がっていました。

　式のあとに昨年度関わりがあった学年の教室に案内され、もみくちゃになりながら、子どもたち一人一人と話ができました。

98・卒業式

◆小学校生活最後の日

小学校の全教育課程修了を認定し、卒業証書を贈ってそのお祝いをする式で、体育館で行われるところが多いです。保護者や職員や在校生代表の5年生が迎える中で、「威風堂々」等の曲に合わせて6年生が入場してきます。

卒業証書授与では、校長先生から卒業生一人一人に渡します。校長先生のそばには、式担当の先生がついて手助けをします。卒業生は卒業証書を受け取ると、会場の人に向かって将来の夢等を述べます。

校長先生から式辞があり、私が今までいちばん心に残ったのは特別な行事等のことではなく、普段の学校生活のお話で「6年生の長縄をそばで見ていたら、きれいに8の字で跳べていたので回数が増えたのが印象的でした」等のお話です。

トピックス　子どもの視点から

　卒業式でのメインは卒業証書授与ですが、式の最後のほうには呼び掛けがあり、いちばん盛り上がります。小学校生活6年間の思い出と親や先生に対する感謝の気持ちを、交代しながら一人一人または数人または全員で呼び掛けます。各学年で、特に心に残ったことを思いめぐらします。

　そして「5年生にバトンタッチをします」と言う6年生の呼び掛けに応じた5年生が、運動会での組体操がすばらしかったことや、登校班で6年生にお世話になったこと等を呼び掛けします。

　途中で数回、歌も歌います。6年生だけで歌ったり、5年生だけで歌ったり、合同で歌ったりしてクライマックスに達します。

　呼び掛けの内容は6年生のクラス担任が考えることが多いですが、一部は子どもたちに考えさせたことがありました。その一つが、担任の先生が出張でいないときに、校長先生や教頭先生やちがう学年の先生が交代で授業をしてもらったことがあり、すごく楽しかったのでそれを呼び掛けしたいというものでした。担任の先生では考えつかなかったのですが、子どもの視点から見たのがよかったので、それを呼び掛けに入れました。

99・6年生を送る会

◆花のアーチをくぐって

伊丹市では卒業式は会場に全校生が入りきらないので、出席する5年生も含めて卒業式とは別の日か、同じ日の卒業式が終了してから1～4年生が登校して、6年生を送る会を開きます。

1年生から5年生まで各クラスに1本、花のアーチを作ります。1クラスが30～40人ですから、1人につき2輪ぐらいをはながみで花作りします。そして輪ゴムをセロハンテープでくっつけ、竹を割って作った棒に通します。そのアーチを6年生がくぐって入場し、在校生は拍手で祝います。

学年ごとに交代で、お祝いの言葉を全員で言います。そのあとに6年生からお礼の言葉があり、またアーチをくぐって退場します。

トピックス　崩します

出し物をするところもあります。低学年は思い出のアルバムの歌を児童みんなで歌い、さすが6年生はすごいと思ったことやお世話になったこと等、春夏秋冬それぞれ替え歌にしたことがあります。

中学年はリコーダー演奏をすることが多くあり「パフ」の曲を3年生が高音部、4年生が低音部に分かれて演奏すると、会場にいい響きが流れます。6年生が拍手をすると、用意していた「エーデルワイス」をアンコールとして演奏します。

そして5年生ですが、組体操の演技をしたことがありました。もちろん高度な技はありませんが、1人技から6人技まで1人1回の演技です。

1人技はV字バランスとブリッジ。2人技は補助倒立と2段ベッド。3人技は3人扇と3段タワー。4人技は2段タワー。5人技は5人扇。そして6人技は3段ピラミッドです。特に演技名の紹介はしないで、1人技からどんどん進行していきます。そして最後だけ「最後はピラミッドです」と紹介すると、少しどよめきがありましたが、3段を見ると6年生から笑みがこぼれました。

「崩します」と紹介のあとすぐに「安全のため上からゆっくりと下ります」と訂正が入ると、6年生から笑い声と大きな拍手がありました。

100・終業式・修了式

◆長期休業の前に

学期の終わりの日に終業式が、年度末は修了式が行われます。2学期制では年にそれぞれ1回で、3学期制では終業式が2回、修了式は1回です。

始業式と同じように全校児童が集まって体育館で行われることが多く、校長先生のお話があります。主な内容は、学期中に学習や生活でがんばったことや、反省をしなくてはならないこと。そして、それを基にして休み中の目標を立ててみること等です。

3学期制では式の翌日から長期休業に入りますので、生活指導担当の先生から、休みのくらしのお話があります。

保護者同伴ではないと行ってはいけない場所や、防犯・安全等の説明が主です。コンクール等で入賞した児童の表彰が行われれることもあります。

トピックス　熱く熱く語ります

式が終わると児童は各教室に戻ります。クラス担任からも休み中のくらしで決まり等の再確認があり、休み中の宿題や自由研究の説明をします。休み中の行事や始業式の持ち物等も説明します。

そして最後に成績表をもらいます。「あゆみ」とか「のびる力」等の名前がついているところもあります。渡し方はそれぞれのクラス担任に任されています。

クラス担任が児童の名前を言って、一人ずつ取りに行く方法がいちばん多いです。そのときにクラス担任はただ渡すだけではなく、成績表を見ながらその子のがんばったことや課題を言います。

その児童がいちばんがんばったことを書いた表彰状を、成績表と一緒に渡しているクラス担任もいます。一人一人がちがう内容なので、子ども同士が見せ合いをするほど満足しています。その児童のことをしっかり見ているわけです。

熱く熱く語っているクラス担任もいます。修了式では、まるでテレビドラマに出てくる熱血先生のようです。

おわりに

コロナ禍で学校も変わってきています。100種類のうち、休止状態や内容が大きく変更になっているものもあります。ですから本書に書いてある内容も、その場やそのときの状況に応じて変える必要があります。

コロナ禍とは関係なく社会は激しく変動していて、学校もそれに乗り遅れないようにしないと、置き去りにされる危険性があります。常に情報をキャッチして、見直しをしていきます。

子どもはみんなちがいます。得意な教科も好きな遊びも将来の夢も、全部同じ人はいません。ですからクラス担任は新年度になると、子どもの名前と性格等を把握しようと努力します。

同じように、教科書も教材も今までとはちがっていると考えます。たとえ改訂されていなくても、昨年と同じようにはしません。時代の流れや子どもの様子に合わせて指導をします。子どもは正直です。昨年の使い回しで授業を行っていると目が沈んでいますが、今の状況をつかんだ上で授業を行うと、目が輝きます。

妻が私と結婚をする前に、妻のおばさんから「学校の先生は健康な人が多いからいいですよ。カロリーや栄養バランスをよく考えている給食を毎日食べているし、体育では先生も運動をしているから」と言われたそうです。私が聞いたのは結婚をしてからですが、その言葉でますます仕事に励むことができました。コロナ禍で給食も体育もやり方はかわりましたが、本質はかわりません。

学校の先生という仕事は、やればやるほど奥深いものがあります。どれも子どものために行っています。コロナ禍でますます奥深いものになってきて、子どもに返すチャンスが広がりました。今まで以上に工夫をするようにもなりました。リセットをして考え直すきっかけにもなりました。肉体的にも精神的にもリラックスができるようにもなりました。そして、笑顔で教壇に立つことができます。

私は今でも非常勤で小学校の教壇に立たせてもらっています。家でのんびりとしていてもいいのですが、やはり先生の仕事は、子どもたちが成長していく姿が見られる楽しみのほかに、多種でやりがいがあるからです。同じ学校に勤務している若い先生も、いつもはつらつとして、仕事に情熱を傾けています。

本書の発行にあたり、たくさんの方にご協力をいただきました。また、ごま書房新社の池田雅行社長、制作の海谷千加子さんには大変お世話になりました。心からお礼申し上げます。

村山 茂

インタビューコーナー ⑩

Q. 今までによかったなと思う学校の先生は

●中学3年生の時、私は数学が苦手で答え出すのにとても時間がかかっていました。周りの人たちはとっくにできてしまっていて、余裕がある表情を見ると、ますますあせってしまい頭の中が混乱していました。そのときに数学の先生が私のノートを見て「きちんと順序立てて考えているね。文字数が多くなってもいいんだ。そのやり方が間違いも少なくて模範になるよ。時間がかかってもいいから、その調子で進めていきなさい。もう答えを書いている人はもう一度見直して、別のやり方でもやってみなさい。半分以上の人がまちがっているよ。結果よりも経過が大切だ」私はその先生の一言で理数系が大好きになり、高校では理数系の大学に入る目標を立てて、ストレートで合格できました。（50代女性）

●私は、中学と高校はカトリック系の学校でした。週に1回は礼拝朝礼があり、全校生徒が集まって聖書について校長先生のお話を聞きます。礼拝朝礼が始まる前に生徒たちが集まっている時と、礼拝朝礼の最後に歌う聖歌や讃美歌の伴奏をオルガンで弾きます。音楽担当の先生が生徒の中からピアノやオルガンを弾ける人を集めて、私を含めて4〜5人が次の礼拝朝礼から1人ずつ、始まる前の演奏をすることになりました。私の曲目は、礼拝朝礼にぴったりと合っていると思ったので、バッハ作曲の平均律にしました。本番では気持ちよく演奏できました。後で友だちから「あの曲、聴いてよかったので楽譜を見せて」と言われました。生徒の特技を生かす、学校の雰囲気がよかったと思います。（60代女性）

●中学1年生の時の社会の先生は、住職もされていました。そのため授業でも心の迷いがないような語り口なので、クラス全体が学校から離れてお寺の中で学習しているような気分になりました。私はこの雰囲気がたいへん気に入り、社会の勉強が好きになって大学は法学部に入ることができました。
（50代男性）

●娘が幼稚園の時の先生は「子どもには手をかけずに、目をかけてあげてください」とお話されて、さっそくその日から実行しました。すると娘は活気が溢れて、人にも親切にするようになりました。（30代女性）

●小学校5年生の時の音楽の先生は、ピアノがとても上手で、その伴奏に引き込まれるように歌っていました。しかし話術のすごさが、ピアノ以上なものを感じました。落語家のような話し方で笑いがある時もあり、またアナウンサーのようなきちんとみんなに伝える話し方になる時もあります。いちばん印象的なのは、踊りながら歌で語っていき、それはまるでオペラのようです。（30代男性）

◆参考文献

『のびのび子育て』吉岡たすく（PHP研究所）
『私が一番受けたいココロの授業』比田井和孝・比田井美恵（ごま書房新社）
『電車が好きな子はかしこくなる』弘田陽介（交通新聞社新書）
『学校で生まれた“ココロの架け橋”』中野敏治（ごま書房新社）
『人を許すことで人は許される』中谷彰宏（ダイヤモンド社）
『一瞬で子どもの心をつかむ15人の教師！』中野敏治（ごま書房新社）
『教育現場は困ってる』榎本博明（平凡社新書）
『教員という仕事』朝比奈なを（朝日新聞出版）

◆著者略歴

村山 茂（むらやま しげる）

1954年、兵庫県西宮市生まれ。

高校を卒業後、国鉄（現在のJR）に勤務して、4年で車掌になる。佛教大学教育学科（通信教育）に入学して、教員免許を取得。

1985年、国鉄を退職した翌年に、兵庫県において小学校教諭となる。FM伊丹の市民スタッフにもなり、現在も番組（ディスクジョッキー）を担当。

2015年、小学校を定年退職後、引き続き非常勤で現在も児童を指導。同行援護従業者（ガイドヘルパー）にもなり、目が不自由な方の外出を支援。

●主な著書

『クイズ鉄道100線の歌』成山堂書店
『阪神・淡路大震災から100学んだ』海文堂出版
『親子で楽しむ兵庫の算数』（共著）甲南出版
『可愛い子には鉄道の旅を』交通新聞社新書
『JRの車掌と小学校の先生、さらにはアナウンサーになった件』マイナビ

やはり、ブラックなんでしょうか？

先生の仕事を100選びました。

2021年11月1日　初版第１刷発行

著　者　村山 茂
発行者　池田 雅行
発行所　株式会社 ごま書房新社
〒102-0072
東京都千代田区飯田橋3-4-6
新都心ビル4階
TEL 03-6910-0481（代）
FAX 03-6910-0482
カバーデザイン　（株）オセロ 大谷 治之
DTP　海谷 千加子
印刷・製本　精文堂印刷株式会社

ISBN978-4-341-08800-2 C0037

水谷もりひと 著　「日本講演新聞」の〈社説〉シリーズ 合計13万部突破！

ベストセラー！　感動の原点がここに。

日本一　心を揺るがす新聞の社説1

みやざき中央新聞編集長　水谷もりひと　著

大好評15刷！

タイトル執筆　しもやん

●感謝　勇気　感動　の章
心を込めて「いただきます」「ごちそうさま」を／なるほどぉ～と唸った話／生まれ変わって「今」がある　ほか10話

●優しさ　愛　心根　の章
名前で呼び合う幸せと責任感／ここにしか咲かない花は「私」／背筋を伸ばそう！　ビシッといこう！　ほか10話

●志　生き方　の章
殺さなければならなかった理由／物理的な時間を情緒的な時間に／どんな仕事も原点は「心を込めて」　ほか11話

●終　章
心残りはもうありませんか

【新聞読者である著名人の方々も推薦！】
イエローハット創業者／鍵山秀三郎さん、作家／喜多川泰さん、コラムニスト／志賀内泰弘さん、社会教育家／田中真澄さん、（株）船井本社代表取締役／船井勝仁さん、『私が一番受けたいココロの授業』著者／比田井和孝さん…ほか

定価1320円　四六判　192頁　ISBN978-4-341-08460-8　C0030

好評7刷！

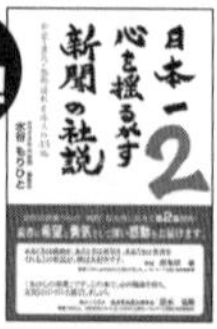

「あの喜多川泰さん、清水克衛さんも推薦！」

続編！“水谷もりひと”が贈る希望・勇気・感動溢れる珠玉の43編

日本一　心を揺るがす新聞の社説2

●大丈夫！　未来はある！（序章）
●感動　勇気　感謝の章
●希望　生き方　志の章
●思いやり　こころづかい　愛の章

「あるときは感動を、ある時は勇気を、
あるときは希望をくれるこの社説が、僕は大好きです。」作家　喜多川 泰
「本は心の栄養です。この本で、心の栄養を保ち、元気にピンピンと過ごしましょう。」
本のソムリエ　読書普及協会理事長　清水 克衛

定価1320円　四六判　200頁　ISBN978-4-341-08475-2　C0030

好評3刷！

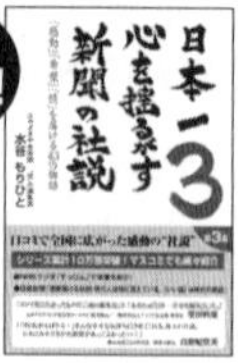

“水谷もりひと”がいま一番伝えたい社説を厳選！

日本一　心を揺るがす新聞の社説3

「感動」「希望」「情」を届ける43の物語

●生き方　心づかい　の章
人生は夜空に輝く星の数だけ／「できることなら」より「どうしても」　ほか12話

●志　希望　の章
人は皆、無限の可能性を秘めている／あの頃の生き方を、忘れないで　ほか12話

●感動　感謝　の章
運とツキのある人生のために／人は、癒しのある関係を求めている　ほか12話

●終　章　想いは人を動かし、後世に残る

定価1375円　四六判　200頁　ISBN978-4-341-08638-1　C0030

最新作

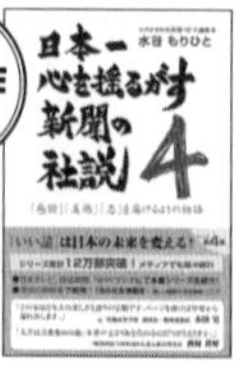

『いい話』は日本の未来を変える！

日本一　心を揺るがす新聞の社説4

「感謝」「美徳」「志」を届ける41の物語

●序　章　「愛する」という言葉以上の愛情表現

●第一章　心に深くいのちの種を
聞かせてください、あなたの人生を／我々は生まれ変われる変態である　ほか11話

●第二章　苦難を越えて、明日のために
問題を「問題」にしていくために／無言で平和を訴えてくる美術館　ほか11話

●第三章　悠久の歴史ロマンとともに
優しさだけでは幸せに育たない／美しい日本語に魅了されましょう　ほか11話

●終　章　絶対に動かない支点を持とう！

定価1375円　四六判　196頁　ISBN978-4-341-08718-0　C0030